ききがき
大阪北摂　すいたの民話

民話の舞台を訪ねよう

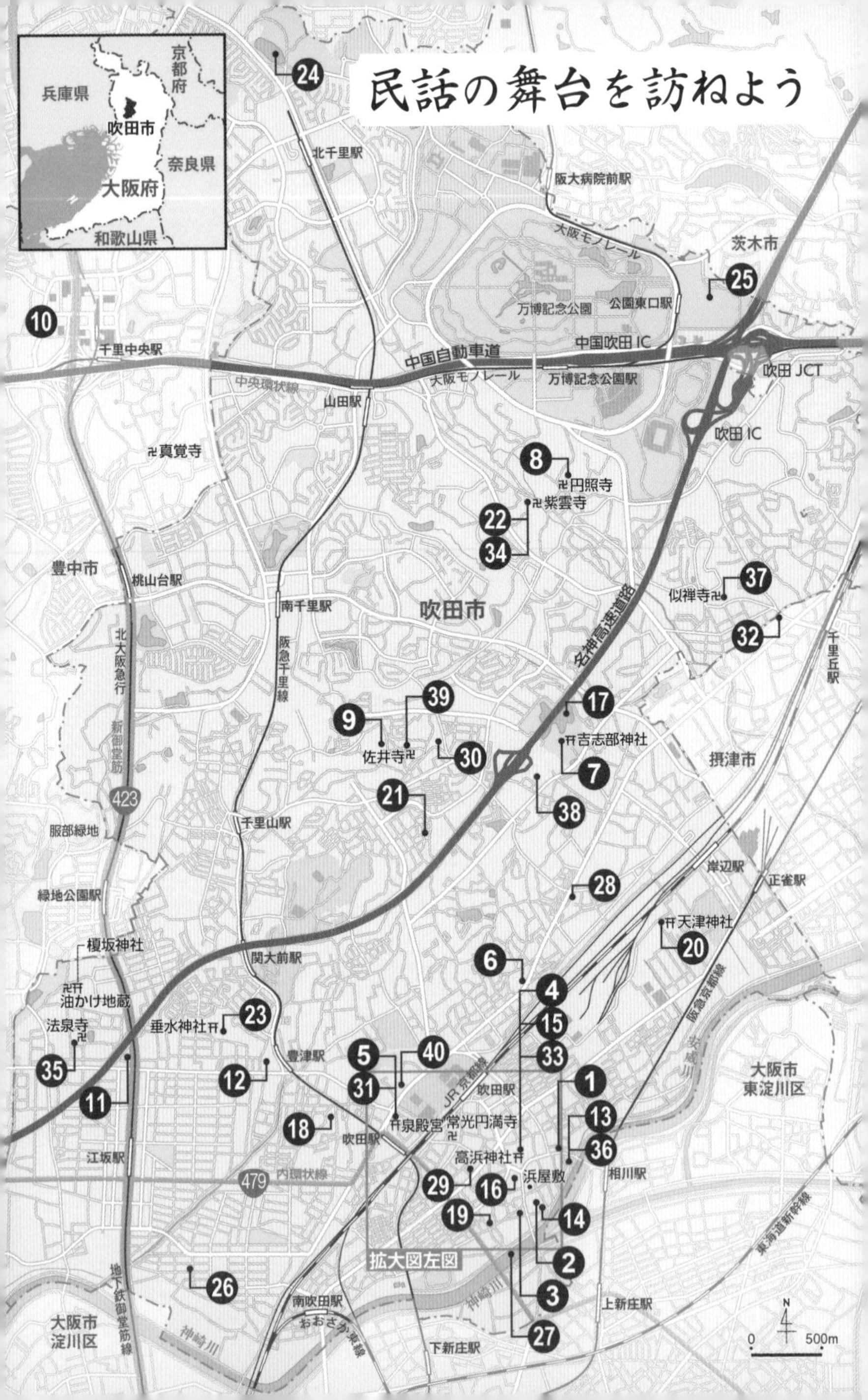

兵庫県
京都府
吹田市
奈良県
大阪府
和歌山県
北千里駅
阪大病院前駅
大阪モノレール
茨木市
万博記念公園
公園東口駅
中国吹田IC
千里中央駅
中国自動車道
中央環状線
大阪モノレール
万博記念公園駅
吹田JCT
山田駅
吹田IC
真覚寺
円照寺
紫雲寺
豊中市
桃山台駅
南千里駅
吹田市
似禅寺
名神高速道路
北大阪急行
阪急千里線
千里丘駅
新御堂筋
佐井寺
吉志部神社
摂津市
423
千里山駅
服部緑地
岸辺駅
正雀駅
緑地公園駅
天津神社
関大前駅
榎坂神社
油かけ地蔵
垂水神社
法泉寺
豊津駅
JR京都線
吹田駅
阪急京都線
大阪市
東淀川区
泉殿宮
常光円満寺
吹田駅
江坂駅
高浜神社
浜屋敷
相川駅
479
内環状線
拡大図左図
東海道新幹線
神崎川
南吹田駅
おおさか東線
上新庄駅
大阪市
淀川区
地下鉄御堂筋線
下新庄駅
N
0
500m
1 2 3 4 5 6 7 8 9 10 11 12 13 14 15 16 17 18 19 20 21 22 23 24 25 26 27 28 29 30 31 32 33 34 35 36 37 38 39 40

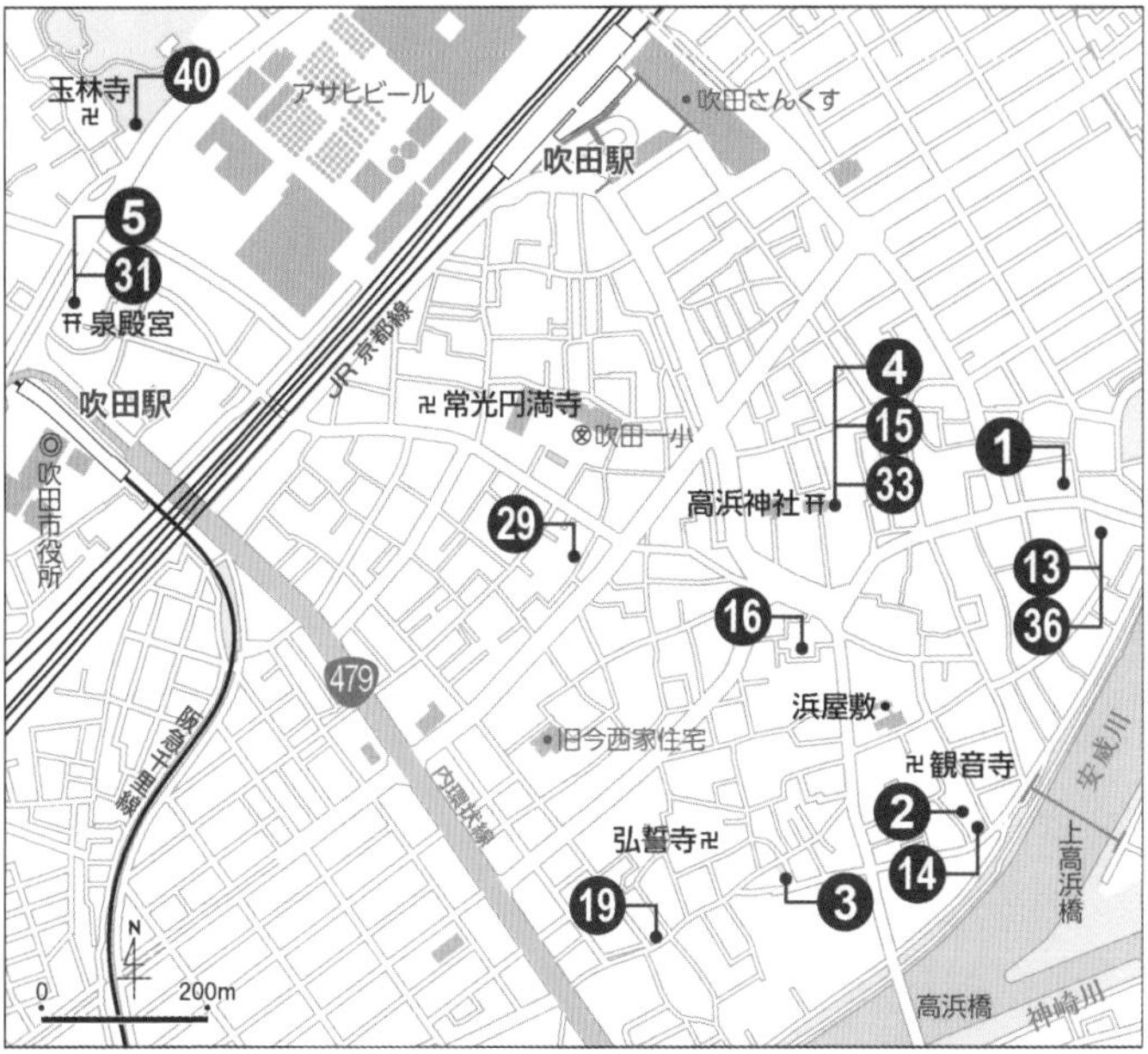

①天神屋敷
②試みの観音
③血の池
④二魂坊の火
⑤泉殿の神主さん
⑥一モクレン
⑦どんじ講
⑧権六おどり
⑨佐井の清水
⑩つなぬき祭
⑪油かけ地蔵
⑫長柄の人柱
⑬じにんの定吉
⑭小女郎稲荷
⑮かまいたち
⑯茂右ェ門さん
⑰釈迦ヶ池の鴨
⑱加多野の山賊
⑲吹田殿
⑳五十狭茅宿祢
㉑おかめ茶屋
㉒身代り入牢
㉓垂水の滝
㉔殿池のがたろ
㉕山田の銅鐸
㉖新田の蛇まくら
㉗こえぶね天王丸
㉘名次宮
㉙浜のお堂
㉚くりぬき水路
㉛いずみのほこら
㉜なげだし墓
㉝はたふり松
㉞天井の絵
㉟長柄の傘赤袋
㊱お玉まつり
㊲雲居さん
㊳狐坂
㊴茶漬の接待
㊵金の小さな地蔵さん

民話の世界（吹田殿）

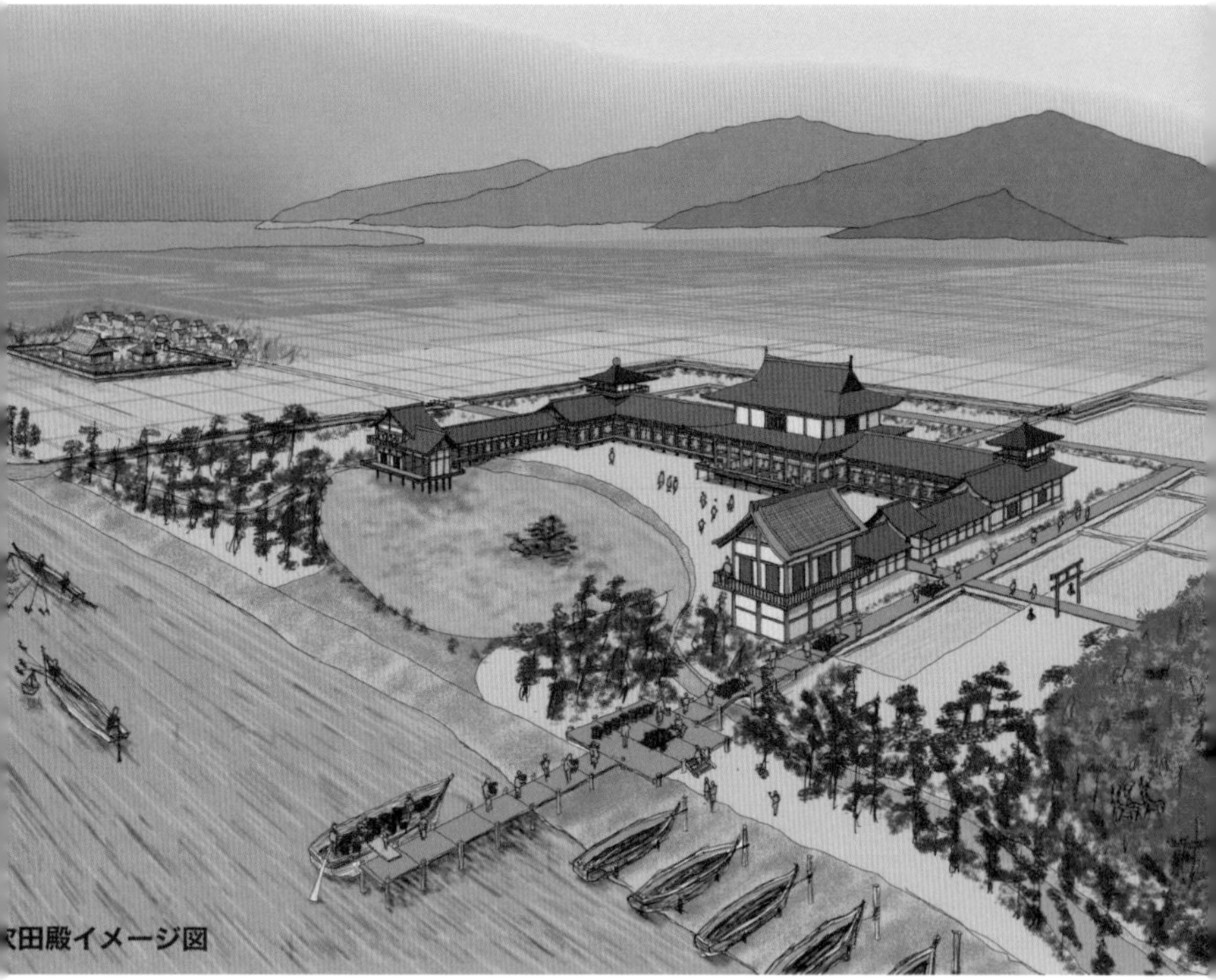

　鎌倉時代初期、現在の大の木神社付近は、「吹田殿」という御殿が建つ高級リゾート地でした。名門公家の西園寺《さいおんじ》公経《きんつね》の山荘として建てられ、京都にお住まいの天皇、上皇様を招いて、雅な宴が繰り広げられたそう。鎌倉時代後期の『五代帝王物語』によると、難波の天王寺、宇治の槙島、京の北山と並ぶ景勝地だったと伝えられています。

　しかしながら、室町時代以降の戦乱で消えてしまい、今ではこの幻の景勝地を知る人は誰もいません。⑲の「吹田殿」（八十四ページ）には、その隆盛を誇った当時のお話が描かれています。ぜひ民話の世界に触れ、知られざる吹田の歴史の一ページを読み解いてみてください。

◇吹田歴史文化まちづくりセンター（浜屋敷）とは

　吹田歴史文化まちづくりセンターは、吹田の歴史と文化のまちづくりにかかわる市民相互の交流と連携の促進を図り、地域に息づく歴史、文化を保存し発展させることにより、まちに個性と魅力及び潤いをもたらし、地域社会の発展に寄与することを目的に設置されました。

　現在の施設は、平成十二（二〇〇〇）年五月、市民の文化活動や交流の場として活用することを目的に所有者から歴史的古民家の寄付を受け、現在の姿に改修されたもの。今後も、市と市民の皆さんと協働しながら歴史・文化のまちづくりに貢献します。

吹田歴史文化まちづくりセンター（浜屋敷）
ＮＰＯ法人 吹田歴史文化まちづくり協会
〒五六四―〇〇二五
吹田市南高浜町六―二一
ＴＥＬ　〇六―四八六〇―九七三一
ＦＡＸ　〇六―四八六〇―九七二五
開館時間　九時～二十二時
休館日　年末年始（十二月二十九日～一月三日）、
その他二ヶ月に一度、施設点検のため休館

刊行にあたって

吹田歴史文化まちづくり協会
理事長　藤本　衛

本書の元となった、昭和五十九（一九八四）年三月に吹田市広報課から発刊された「ききがき吹田の民話」は旧吹田村を中心に、吹田全体に点在する民話を阪本一房氏がその土地を訪れ、長老から聞いたことに阪本氏が少しフィクションを加えられたもので、そのため「ききがき」の名が付けられています。

四十篇の民話には

一、史実に基づいて淡々と語られているもの
二、架空の動物を登場させて、注意喚起や住民間の融和を示唆するもの
三、土地の権力者に立ち向かって、不合理を追求するもの
四、歴史上の人物を登場させて、その人の功績をみんなに知らせるもの

など、それぞれの目的をもって伝えられた話が載っています。

今回「ききがき大阪北摂すいたの民話」を発行するにあたって、解説では、吹田が歩んできた歴史を垣間見ることができるように、民話を形作った歴史的・文化的背景を描くことにも注力し、また、民話の現場を訪ねることができるように詳細な現在の地図を掲載しました。

吹田に住むみなさんや吹田にお仕事などで通ってくるみなさんはもとより、次代を担う子どもたちにも、吹田の歴史の奥深さを感じていただけると幸いです。

最後に、本書を作るにあたり、吹田市の関係部署や原作者の故阪本一房様のご家族様、挿絵を担当された吹田きりえグループの皆様のご理解をいただいたことに感謝を申し上げます。

浜屋敷のホームページでは、本書に載っている民話の朗読を見ることができます。

目次

①

天神屋敷

江戸時代
〜吹田市南高浜町〜

関ヶ原の戦いから十五年後、豊臣家が滅亡した「大坂夏の陣」にまつわるお話です。

現在、吹田市南高浜町にある正福寺《しょうふくじ》※1の前あたりに橋本清太夫《はしもとせいだゆう》さんの屋敷があったと言われています。天満の天神さん※2から、神輿《みこし》と神社関係者を橋本家に迎えて、戦乱から守るためにお世話されたということです。

天神さんの神輿が橋本邸へやってきたのは元和元（一六一五）年四月上旬、天神社中から橋本清太夫にあてた手紙には、「無事到着できて安心しています。しかし、追々、乱暴狼藉もあり、天神社《てんじんしゃ》の老若男女ともお宅に向かいますので、よろしくお世話ください」と述べられています。

このお話と直接関係があるかどうかは分かりませんが、一九五五年ぐらいまで天神祭りの時には吹田から五十人以上の人が神輿を担ぐ奉仕に行っていました。このことから、吹田と天満の天神さんとはご縁が続いていたのではないかと考えられます。

むかし昔、吹田村神境《しんけい》が、まだ堀の内とも侍内《じない》※3とも言うてた時分※4、そこに橋本清太夫という分限者《ぶげんしゃ》※5がいた。

その時分は、西の豊臣方か東の徳川方か※6ちゅう戦国の世で、静かやった吹田村までがだんだん騒がしなって、百姓衆の中でも血の気の多い※7若いもんはこっそりおらんようになったりしたそうな。

清太夫さんの邸《やしき》へは、戦さのための使いのもんが西方も東方もひっきりなしに訪ねてきよったそうな。ほんに清太夫さんは困らはった。いよいよ雲ゆきが激しいなって、もうどっちかへつかなあかんようになってしもた。

そんなある夜ふけ、吹田の浜にひっそりと一艘の舟が着いて神輿が一基降りたった。神輿はしずしずと清太夫さんの邸に入っていったんやそうな。
「清太夫様、えらいことでおます。戦さがおこります。この神輿は戦さに関わり※8がおません。

町の衆がお祭りの嬉しさに喜んで担ぐ神輿でおます。清太夫様は平和な静かなお人柄、戦さに関わりがあろう筈がないとお頼みに参じました。頼んます、神輿を守っとくなはれ」

「なるほど」

と清太夫さんは戦さに関わらんと神輿を守ることに決めやはったそうな。

戦さがおこって、そんで戦さがすんで、落ち武者がどっと吹田の浜へなだれこみよった。清太夫さんは敵味方なく、かくもうたり怪我《けが》の手当てをしてやらはった。

「おおきに、ありがとさんで」

と神輿はまた吹田の浜から舟に乗って大阪は天満の天神さんへ戻って行かはったそうな。

今、橋本清太夫さんの邸跡はどのあたりからどのあたりまでやったんか、ようも分からんにしても正福寺に今でも「天神境内」ちゅう石碑が残ってるし、そのあたりのことを天神屋敷やちゅうて神境町の人々の中にちゃんと語り伝えられている、ちゅうこっちゃ。

《きり絵・楠本泰二さん》

※1　正福寺　吹田市南高浜町二五―九。
※2　天満の天神さん　大阪市北区天神橋二―一―八にある大阪天満宮のこと。
※3　堀の内、侍内　環濠集落で堀の内側にあり、侍がいたことからこの名が付いた。
※4　時分　当時。頃。
※5　分限者　お金持ち。もの持ち。
※6　西の豊臣方か東の徳川方　慶長十九（一六一四）年に起こった「大坂夏の陣」では大阪に陣を構える豊臣勢と、東京に陣を構える徳川勢が戦った。
※7　血の気の多い　血気盛んな。
※8　拘り　関わり。

②

試《こころ》みの観音

奈良時代
〜吹田市南高浜町〜

吹田市南高浜町にある観音寺《かんのんじ》※1に伝わるお話です。

高浜にあった栴檀《せんだん》※2は、その大きなことや、不思議な光を出すという噂が多くの人の伝言によって各地に広まっていました。

飛鳥時代から奈良時代にかけて活動した僧・行基《ぎょうき》※3は、この木を使って試《こころ》みに十一体の観音像を彫ったと言われています。その中の一体が聖観世音菩薩《しょうかんぜおんぼさつ》と呼ばれる、高さが四十センチメートルほどの仏像で、現在も観音堂の厨子《ずし》の中に安置されて、三十三年に一度ご開帳されます。

寺伝によれば観音寺は、天平十（七三八）年の開基で、当時は法相宗《ほっそうしゅう》※4でしたが、室町時代後期に浄土宗※5の寺になりました。境内から鎌倉時代の正応六（一二九三）年の銘のある五輪塔も発見されています。

むかし昔、吹田村の高浜にそれはそれは見事な栴檀《せんだん》の大木があった。高さは八メートル以上もあって、吹田の渡し場に着いた旅人は決まってその栴檀の木を見上げ、ほめそやしたそうな。そのうちにだんだん噂が広まって、わざわざその木を見るために高浜へ来る人が増えて、そらぁえらいことやったそうな。

ある時、突然その栴檀の木が光りだしよって、夜さり※6でもぼおっとその姿が見えるようになった。ほんでまた見物の衆が増えて、天子様の耳にまでその噂が届いた。

「ほほう、その木はただの栴檀やない」

ちゅうて、その時分、名僧のほまれ高い行基様を見に遣わさはった。行基様は、

「まことにこの木には不思議な命がある」

と早速その技を切って試みに十一体の観音さんを彫らはった。

そしたら何と、元の栴檀の木からも彫らはった観音さんからも、得も言われんええ匂いがたちこめて、あたり一面に漂うたそうな。

　村の衆も、旅の衆も、

「こら、あらたかや※7」

　ちゅうて、皆、観音さんを拝みだしよった。ほんでまたその話も広まって、今度は都から光明皇后《こうみょうこうごう》様※8も見にきやはった。

「これは、不思議なことよ」

　と言わはって、その匂いの漂うてる広い土地をかこい、その中に高浜山観音寺《こうひんざんかんのんじ》ちゅうお寺を建てやはった。

「ありがたいこっちゃ」

　と村の衆はお寺のたてまえ※9を手伝うて喜びよった。

　せやけど、そのあと何べんも世の中がややこしなって戦さがおきて、お寺も何もころっと焼けてしもては建て直ししたはるそうな。ほんでも、今のお寺の観音堂には、ここみの観音さんがちゃんと残ったはる、ちゅうこっちゃ。

《きり絵・岩井伸子さん》

※1　観音寺　吹田市南高浜町七―六。
※2　栴檀　落葉高木の一種。バニラやチョコレートのような甘い香りを漂わせる。
※3　行基　奈良時代の高僧。民間布教に努める一方、諸国を巡って橋を架ける、池を掘るなどの社会事業にも力を注ぎ、東大寺大仏造立にも尽力した。
※4　法相宗　奈良仏教の一つ。七世紀初めのインドの思想を教義の原型にしている。
※5　浄土宗　平安時代後期、法然が開いた宗教。
※6　夜さり　夜。
※7　あらたか　神仏の力が著しいこと。
※8　光明皇后様　第四十五代聖武天皇の皇后で第四十六・四十八代孝謙天皇の生母。
※9　たてまえ　建設。

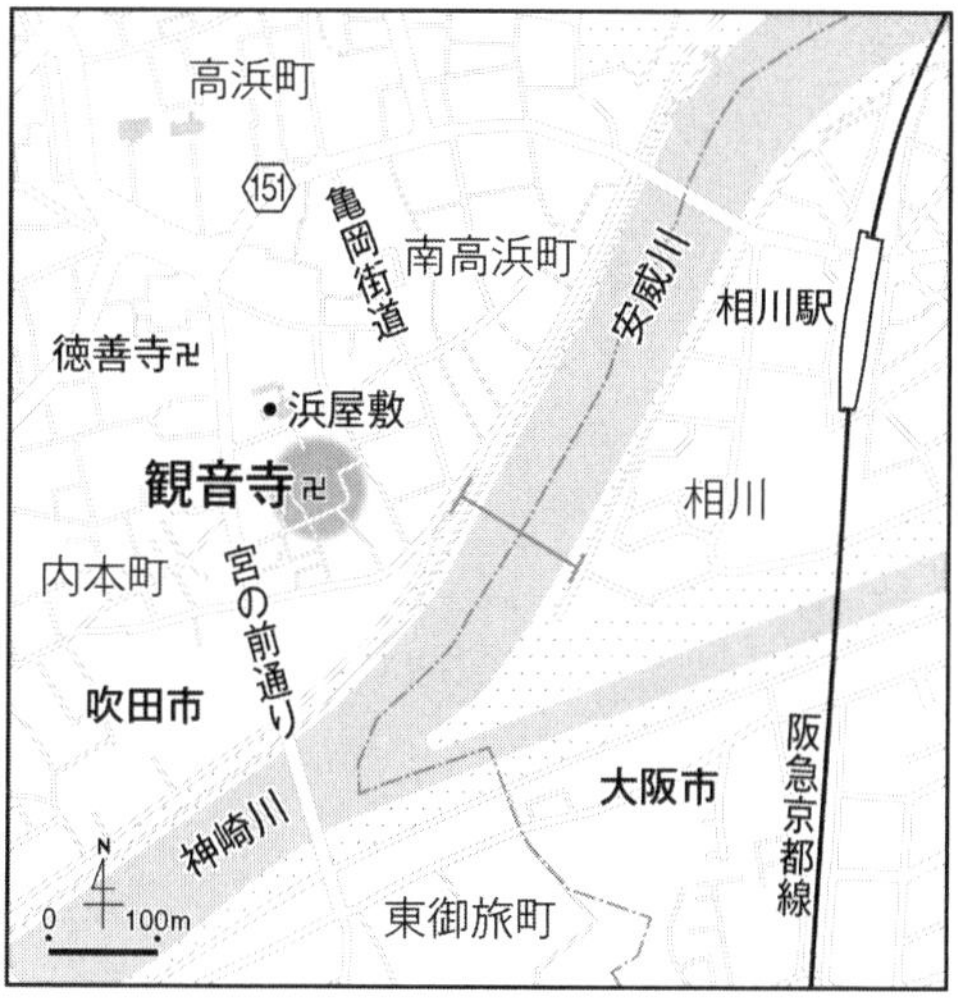

③

血の池

鎌倉時代
～吹田市内本町～

吹田市内本町三丁目にある「泪《なみだ》の池公園」が舞台となったお話です。平七兵衛《たいらのしちべい》景清《かげきよ》が壇ノ浦の戦いに敗れて、平安時代末期から鎌倉時代初期の僧侶・日本達《にほんだる》磨《ま》宗《しゅう》※1創始者である叔父の大日坊能忍《だいにちぼうのうにん》が住む吹田村へと逃れてきました。

大日坊は、落ち武者をかくまう罪も考えず景清のことを助けてくれました。しかし、「空腹だろう。蕎麦を打ってやろう」と言った独り言を、景清は「蕎麦を打つ=殺されるのではないか」と勘違いし、大日坊の首を切ってしまうという悲しい物語です。

鎌倉時代の『夫木《ふぼく》和歌集』に、西行法師※2もこの伝説を「よしさらば　泪の池に身をなして　心のままに　月やどるらん」と詠んでいます。

江戸時代の劇作者による「大日坊の物語」は『摂津名所図会』※3にも出てきますが、日本達磨宗の創始者である大日坊能忍が、甥の平七兵衛景清のために、不慮の死をとげた話がもとになっています。

むかし昔、吹田村の川面《かわづら》※4に小っさい池があった。水は油みたいに、とろりと澄んでたそうな。そのねき※5に、戦国の世が嫌で出家した大日坊《だいにちぼう》の祠《ほこら》※6があった。

ある夜さり、とんとんと戸を叩く音がした。

「風かいな、狐かいな」

大日坊は、なんや知らん気になって、

「今時分、誰やいな」

と戸を開けた。ほしたら、落武者が一人暗がりにうづくまっとった。

「ああ、うとましい。とっとと立ち去れ」

ちゅうたけど、なんでや戸を閉めかねた。

「おっ、景清?」

壇の浦の戦さに敗けて逃げのびて、やっとここ吹田村の伯父・大日坊の祠まで辿り着いた平の景清やった。

大日坊は「落武者をかくまう罪」も忘れて、甥を祠に引き入れ寝かしてやった。

「あわれな奴。そや、寝とる間に打と」

ちゅうて、そば粉を出しにかかった。

気が高ぶって寝つけなんだ景清。それを聞くなり、がばっとはね起きて、

「なんと、わしを討とうとな」

言うが早いか、南無三！大日坊の首をはねてしまいよった。

「くそ！大日坊め」

と池のはたへ行き血の刀を水につけた。ほしたらなんと、今まで澄んでた水がいっぺんに真っ赤いけになってしもた。ほんで、その池は「血の池」になってしもた。

いつとはなしに、伯父・大日坊の親切を仇に返した景清のこと「悪七兵衛景《あくしちべいかげ》清《きよ》」と言うようになり、噂がたちまち広まった。

早合点したと気イついた景清は、苦しんで悲しんで、もう戦さが嫌になってしもて、夜さりになるとこっそりどこからやってきて、血の池にはらはらと泪をこぼしとった。

ほんで村の衆もいつのまにやらその血の池を「泪の池」とも言うようになった、ちゅうこっちゃ。

《きり絵・大野行子さん》

※1 日本達磨宗　平安時代から鎌倉時代の僧侶である大日房能忍が興した禅宗の一派。

※2 西行法師　平安時代から鎌倉時代にかけて活躍した武士、僧侶、歌人。

※3 『摂津名所図会』　江戸時代の摂津国の名所を絵画と文章で紹介した地誌。

※4 川面　吹田市内本町の地名。

※5 ねき　付近。

※6 祠　小さな庵《いおり》。

④

二魂坊の火

時代不詳
～吹田市高浜町～

吹田市高浜町にある高浜神社[※1]に由来するお話です。

江戸時代の『摂津名所図会』という本には、日光坊《にっこうぼう》[※2]が一人の山伏と法力を争い、殺してしまったことから「いしこづめ」という罪人を生きたまま穴の底に入れ、上から小石を入れて埋め殺す方法で処刑され、その怨念が残って雨夜などに現れるとあります。

高浜神社の由緒書《ゆいしょがき》には、この日光坊のことが記されており、「二魂坊《にこんぼう》」とか「日光坊」とか言われるものは、「火明命《ほのあかりのみこと》」[※3]、「天香山命《あめのかぐやまのみこと》」[※4]という神様のことで、吹田の地名に関連する豪族次田連《すきたむらじ》の祖先神とあります。明治末期まで、この話にまつわるお火たき祭りも行われていました。

むかし昔、吹田村の浜の大宮、高浜神社のねきに、日光坊、月光坊《げっこうぼう》ちゅう二人の祈祷師《きとうし》が仲よう別々に住んどった。村のもんに狐でもつきよると、ちゃんと治してやっとった。けど、困ったことに日光坊は朝方、月光坊は夜さりにしか祈祷せんかった。

ある時、村の娘が急に昼間暴れ出しよって、手がつけられなんだ。ほんで、ほとほと困り果てて昼間、祈祷を頼みに行きよった。けど、あかなんだ。断られよった。

「難儀やなぁ」

村のもんは、雁首《がんくび》揃えて思案しよった。

「せや、一人になりよったら、一日中拝んでくれよるに違いない」

と思いつきよった。ほんで、あることないこと言うて世間に噂広めよった。ほんで、とうとう二人の山伏、刀で勝負することになってしもた。もともと仲がええさかいに、嫌やなぁと思いもって刀をふりまわしてたら、日光坊、石にけっつまずいてうっかり相手方の首刎《は》ねてしもた。ほんで、自分の首も　相手方の刀に刎ねられてしもた。

首は天に舞い上ったけども、胴体はまだ刀をふりまわしとった。慌てよった首、早よ戻らなどもならんと思て急ぎよったさかい、相手方の胴体へ引っ付きよった。

「あ、こら間違えた」

ちゅうて、また天へ上がりよった。その間に胴体はどうとこけてしもた。首ははらはらとおっけな泪《なみだ》をこぼしもって、日光坊の首はお日さんへ、月光坊の首はお月さんへ、きらきら飛んでいきよった。

それからは、雨が降ってお日さんやお月さんが出んかった日は、夜さり、田んぼのはねつるべ※5の上やらお宮はんの椋《むく》の木の上やらへ首が二つやってきて、じいっと村のもんが狐つき治してもらいにしょぼしょぼ隣村へ行きよるのんを見とったそうな。それが、ぼおっと火みたいに見えた、ちゅうこっちゃ。

《きり絵・亀田初子さん》

※1　高浜神社　吹田市高浜町五─三四。
※2　日光坊　当時この付近に住んでいたと言われる祈祷師。
※3　火明命　『日本書紀』に登場する神。炎があかるくなったときに生まれたそう。
※4　天香山命　日本神話に登場する神。
※5　はねつるべ　井戸水を組み上げる竹製の道具。

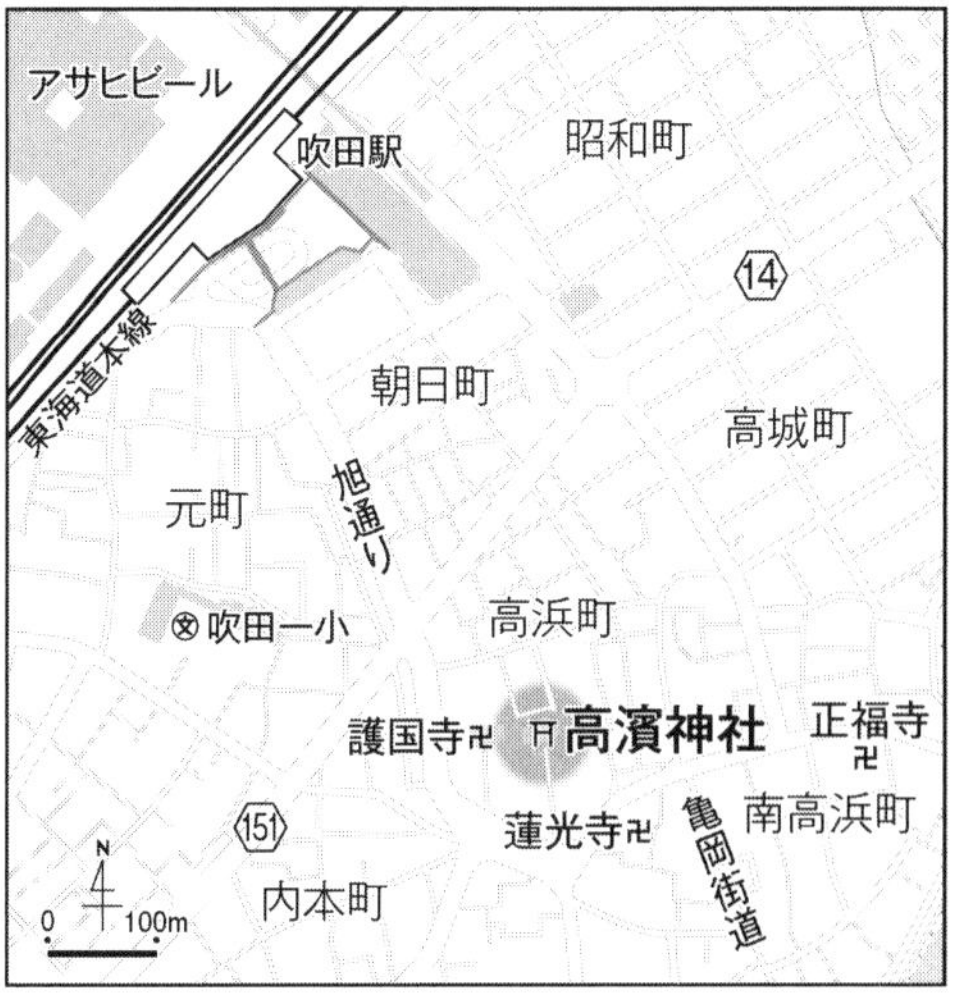

⑤

泉殿の神主さん

江戸時代
～吹田市西の庄町～

吹田市西の庄町にある泉殿宮《いづどのぐう》※1に伝わる、宮司・宮脇志摩《みやわきしま》のお話です。

江戸時代の天保年間、天候不順で米の不作が続き不満を持った農民があちこちで米騒動を起こしました。天保八（一八三七）年、大坂（現・大阪市）の大坂町奉行所で元与力《よりき》※2を務めていた大塩平八郎《おおしおへいはちろう》とその門人らが江戸幕府に対して大塩平八郎の乱を起こしました。しかし、町奉行所内の者が決起計画と参加者を密告したことで、一日にして鎮圧され失敗に終わりました。この事件は幕府、大名、庶民に至るまで大きな衝撃を与えることになりました。

泉殿宮の宮司であった宮脇志摩は、大塩平八郎の叔父であったことから、乱の首謀者の一人として疑われて割腹自殺し、男児はことごとく遠島に処せられました。

捕手《とりて》が神社にやってきた様子は、いまもって付近の人々に語りつがれています。

むかし昔、吹田村でも長雨や大風の日が続いたりして、米がかいもく※3出来なんだ年があった。百姓衆は空き腹おさえて、天をにらみ、天を恨んどった。天保の時代やったそうな。

そんでも、お上はそしらん顔で「年貢は年貢や」と容赦のう取り立てよった。

「米があんじょう※4獲れたら、なにもお上にせつかれいでもちゃんと納めるのになぁ」

ちゅうて、皆ためいきついとった。そんな時、どえらい噂がとんだ。

「えらいこっちゃでぇ、長興寺《ちょうこうじ》の煙硝《えんしょ》蔵《ぐら》※6破裂するそうな」

「ひぇ！ そらえらいこっちゃ。あの煙硝蔵、破裂したら一里四方※7、炭になるちゅうやないか」

「さいな」

百姓衆は空き腹抱えて、慌ててふらふらしいもって、なけなしの家財道具と命守ろとうろうろしとったそうな。

そこへまたどえらい噂がとんだ。

「えらいこっちゃ、大阪の天満の米倉、火が出て丸焼けやそうな！」

「ひやぁ、米がかいな！」

その頃、吹田村泉殿のお宮さんを仰山《ぎょうさん》な役人が大砲持ってきて、取り囲みよった。皆、腰が抜けるほどびっくりしよった。

「に、西の宮はん、どないなってんな⁉」

ほんでまた、

「えらいこっちゃがな！」

「え？」

「神主さん、役人にとり囲まれて腹切らはったがな！」

「ひやぁ、な、なんでや⁉」

百姓衆は天を恨むどころか、「なんでも」と声をひそめよった。

「飢饉で皆がこないに困ってんのに、無理にとり立てた年貢米、商売人の蔵へしまいこんで、ほんで売りよらんよって、大塩平八郎ちゅうお人、えらぁい怒らはって、皆、焼き討ちしやはったんやそうな」

「ほう」

「その大塩はんと神主さん、なんと身内やねんてぇ」
ちゅうこっちゃ。

《きり絵・亀田初子さん》

※1　泉殿宮　吹田市西の庄町一〇―一。
※2　与力　現在の警察署長のこと。
※3　かいもく　全く。
※4　あんじょう　うまいこと。
※5　長興寺　豊中市長興寺南三―一。
※6　煙硝蔵　火薬庫。
※7　一里四方　約四キロメートル四方。

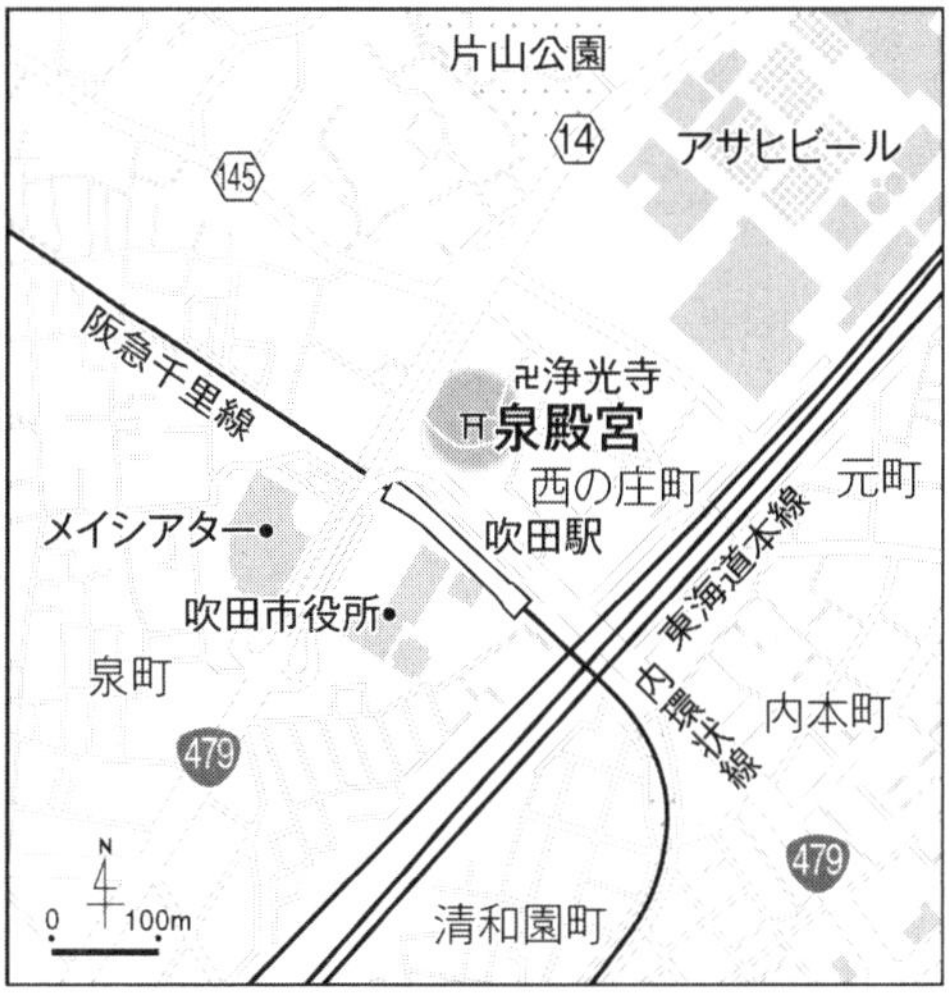

⑥

一モクレン

江戸時代
〜吹田市天道町〜

吹田村天道の瓦師・武内七兵衛《たけうちしちべい》は、竜巻にさらわれて行方知れずになった、と武内家や付近の人々に語り伝えられています。

武内家に伝わる所蔵文書には、天保九（一八三八）年、主人武内七兵衛が行方知れずになったため比叡山延暦寺※1に祈祷してもらったと書かれています。

七兵衛の銘《めい》※2のある文政年間の瓦が市内の神社、寺院から見つかっていますが、行方知れずになって以後、銘は「瓦師武内和流」という記載に変わっています。武内での瓦づくりは昭和二（一九二七）年まで続けられました。

一モクレンとは、一目連《いちもくれん》と書き、多度大社《たどたいしゃ》※3の別宮の一目連神社※4の祭神と同一視されています。片目が潰れてしまった龍神のことで、天候を司る神とされ、江戸時代には伊勢湾での海難防止の祈願と、雨乞いが盛んにおこなわれました。

鬼瓦は、一モクレンを撃退するために神社仏閣に取り付けられているものです。

むかし昔、吹田村天道で六地蔵の七兵衛さんが瓦を焼いていた。おとなしい人柄やったが、この人のこさえた鬼瓦は見事で、その鬼瓦を載せた屋根へは雷もよう落ちよらなんだそうな。

「ほほっ、上手いことでけよった」

この日も背筋が寒むなるぐらい見事な鬼瓦が出来て七兵衛さん、ほくほくやった。秋口に近い日の暮れやった。

「なんや、むし暑いなぁ」

そう思て南の方の天を見たら、真っ黒けの雲が湧き出して、なんとそのあわい[※5]から片目の竜がじろりっとにらんどった。

「あっ、一モクレンや」

毎年夏から秋口にかけて伊勢の国、桑名あたりの山から片目の竜が暴れだしよって近郷近在を荒し回りよった。

「もうそろそろ、一モクレンが来よるでぇ」

ちゅうて村の衆も気が気やなかった。

「これでもくらえ！」

と七兵衛さん、出来立ての鬼瓦を片目の竜の方に向けよった。

竜はきらりと片目を光らすと、すっと黒雲のあわいに隠れよったと思たら、なんと、ごおっーと唸りもって、真っ黒けの胴体で三国川のほとりに降りてきよった。

そして、どえらい勢いで、がぼっ！と川の水を吸い上げて立ち上がりよると、弘誓寺《ぐぜいじ》※6の屋根をひとまたぎに七兵衛さんめがけてうねうね迫ってきよった。

「こら、一モクレンやない。竜の火や」

そう思た。なんし、頭を黒雲の中につっこんだまま、ぐねぐね動く胴の周りを白い火の穂さきがぐるぐる回っとった。ばりばりっ、がらがらっと、どえらい音がきて七兵衛さん、くらくらっと目がもうた。

なん刻たったやろ。あたりが静まった。そこには七兵衛さんの姿も、出来立ての鬼瓦も、のうなっとった。その時から七兵衛さんは、いきがた知れず※7になってしもたんやそうな。
けど、今でもお宮やお寺の屋根で七兵衛さんのこさえた鬼瓦が天をにらんどる、ちゅうこっちゃ。

《きり絵・宮崎朝さん》

※1　比叡山延暦寺　滋賀県大津市坂本本町四二二〇。
※2　銘　製作者の名前。
※3　多度大社　三重県桑名市多度町多度一六八一。
※4　一目連神社　多度大社の境内にある。
※5　あわい　間。
※6　弘誓寺　吹田市内本町三―一八―九。
※7　いきがた知れず　行方不明。

⑦

どんじ講

江戸時代
〜吹田市岸部地区〜

吹田市岸部北にある吉志部神社《きしべじんじゃ》※1に伝わるお話です。

吉志部神社の秋祭りは俗に「蛇祭り」と言います。村人を苦しめる釈迦ケ池の大蛇を、吉志俊守《きしとしもり》が神社に祈願して退治したことに感謝して、毎年十月十七日に収獲物を神に献じる「どんじ」と呼ばれる特殊神事が行われます。

どんじとは、一年の実りに感謝し、岸部三地区から神社へ神饌を奉納するもので、稚児が神聖な存在として参加します。どんじの始まりは、はっきりしていませんが、元禄八（一六九五）年の文書に記載されている祭礼とほぼ同じ内容が現在も行われており、平成二（二〇一一）年に吹田市無形民俗文化財に指定されました。

釈迦ケ池の大蛇伝説は、鎌倉時代に成立した『古今著聞集《ここんちょもんじゅう》』という書物にある熊鷹《くまたか》が大蛇を喰い殺した話が形を変えて伝承されたものではないかと言われています。

吹田市立博物館の常設館には、どんじ講の関連物が展示されています。

むかし昔、岸部の釈迦ヶ池にうわばみ※2がいよった。村祭りの時分になるちゅうと、決まって暴れだしよって、田《で》ン畑荒らしたり娘を喰いよったそうな。
村の衆は、ほとほと困り果てて、岸部の明神さんにうわばみを鎮めてもらおと頼みこみよった
「生娘の、ひとみごくう※3をせえ」
ちゅうことになって、夜中どこからや白羽の矢が飛んできて、生娘のいてる家の屋根に刺さったそうな。

矢が立った家は、泣く泣く娘に池の色の着物を着せて、しめ縄の帯締めさして、尾の出たわらじ穿かして、頭の上にどんじき※4を載せて、明神さんへ連れて行ったんやそうな。娘も泣く泣く一晩明神さんに仕えて戻ってきたそうな。
「こんでええ、嫁にいてもお産が軽なる」

ちゅうて、ごっつお※5こさえて村の衆に配ってお祝いしてたんやそうな。村の高田に、なにわの吉師《きし》ちゅう長者がいた。賢い強い人やったそうな。たまたま村祭りの宵の日、馬を乗り回して汗かいて、釈迦ヶ池のほとりへ馬の足、洗いに行かはった。ほしたら、ちっちゃなくちな※6が、ちろちろっと出てきて馬の足に巻きつきよった。長者は、なにげなしに刀でちょいと斬り払わはった。ほしたらなんと、今まで青々していた池が見てる間に一面真っ赤いけになってしもた。気色悪なった吉志の長者、屋敷へ戻って風呂に入らはった。ほたらまたなんと、湯がみるみる、ぎらぎらのくちなのうろこだらけになってしもたそうな。長者はその晩から熱がでて、三日三晩うなされて、とうとう寝ついてしまはったそうな。

村の衆はそれからも、うわばみの、またの祟りを恐れて村祭りの夜さりになったら、一晩、娘を明神さんへ連れていてたんやそうな。

ほんで今でも岸部では、「どんじ講」やった頭屋《とうや》の衆※7は、それぞれ形だけのお祝いをしたはる、ちゅうこっちゃ。

《きり絵・地本節子さん》

※1　吉志部神社　吹田市岸部北四―一八―一。
※2　うわばみ　大型の蛇。
※3　ひとみごくう　いけにえ。
※4　どんじき　藁を丸く編んだ上にこわめしを載せたもの。
※5　ごっつお　ご馳走。
※6　くちな　小さな蛇。
※7　頭屋の衆　お祭りを支える当番の六軒。

⑧ 権《ごん》六《ろく》おどり

時代不詳
～吹田市山田地区～

吹田市山田地区で古くから踊り継がれてきた盆踊りのお話です。

「きしべにて　権六踊りを見たり」と江戸時代の俳人も詠んだように、権六踊りは山田、岸部、原地区の界隈で広く踊られていたようです。

当地の由来では、宮大工の権六《ごんろく》が円照寺《えんしょうじ》※1の御堂を完成させた折、立派な出来映えに見とれて後ずさりしながら手をかざしたしぐさが踊りになったとか。

文中の円照寺は、平安時代の仁寿三（八五三）年の創建とされていますが、権六踊りがこの時代のものかどうかは定かではありません。この踊りは山田地区のみならず近隣の岸部や原地区でも踊られ、平成十（一九九八）年に吹田市地域無形民俗文化財の指定を受け、山田では現在、保存会も作られています。また、山田地区小学校の運動会でも、保存会の指導で権六おどりを発表し、文化財を引き継ぐよう活動しています。

戦前までは、地蔵盆などで若い人々の娯楽として盛んに踊られ、歌の文句も男女の恋愛が中心になっていました。

むかし昔、山田村に権六という宮大工がいた。酒と女子《おなご》が好きで、へんこつ※2で仕事の最中でもちょっと気に触ったら止めてしもて働かなんだそうな。

たまたま権六、円照寺の普請※3してた。

「ほう、さすがや。ええ腕や」

と円照寺の和尚さん、落慶《らっけい》※4も近いと喜んどった。

この和尚さん、若うて男前で、お経が上手で声が良うて、村の女子衆の人気の的やった。

村に十六娘のお杉がいた。これまたべっぴんで、横通っただけで男衆、ふらふらっと目がもうたそうな。なんと、そのお杉が円照寺の和尚さんに惚れよった。そんな噂が一ぺんに村中に広まった。その時からやった、権六、円照寺の普請ぴたっと止めてしまいよった。さあ、こうなったら誰がなんちゅうても、てこ

でも腰をあげよらん。和尚さんも、檀家《だんか》の衆も、ほとほと困りよった。

ぉ杉はぉ杉で、和尚さん恋しゅうて、

「いっそのこと」

と、顔赤らめもって文書いて、檀家の善兵衛《ぜんべえ》さんにことづけよった。

善兵衛さんも困ったけど、

「せや、円照寺のためや」

ちゅうて、その文、権六に渡してしもた。なんと権六、その日から普請に精だして円照寺、一ぺんに出来てしもた。

さぁ村の善男善女、その見事な出来映えに喜んでぉ寺へ集りよった。権六かて嬉しいて、ぉ杉の文も嬉しいて浮かれ出して、見事に出来た伽藍に、右手左手かざしもって遠目近目で見よと思て前へ行たり後へ行たりしてた。村の衆も権六のしぐさが面白うて、手かざしもって前やら後ろに動き出しよった。

「ぉ杉十六、色気が出たか。文箱《ふばこ》の使い※5は、善兵衛さん」

権六は歌いもって、踊りもって、浮かれてしもて、とうとうまえだれ池へどぶんとはまってしもた、ちゅうこっちゃ。

《きり絵・青木宏さん》

※1　円照寺　吹田市山田東三―一四―二七。
※2　へんこつ　変わり者。
※3　普請　家を建てる。
※4　落慶　建物の完成。
※5　文箱の使い　文を届けた人。

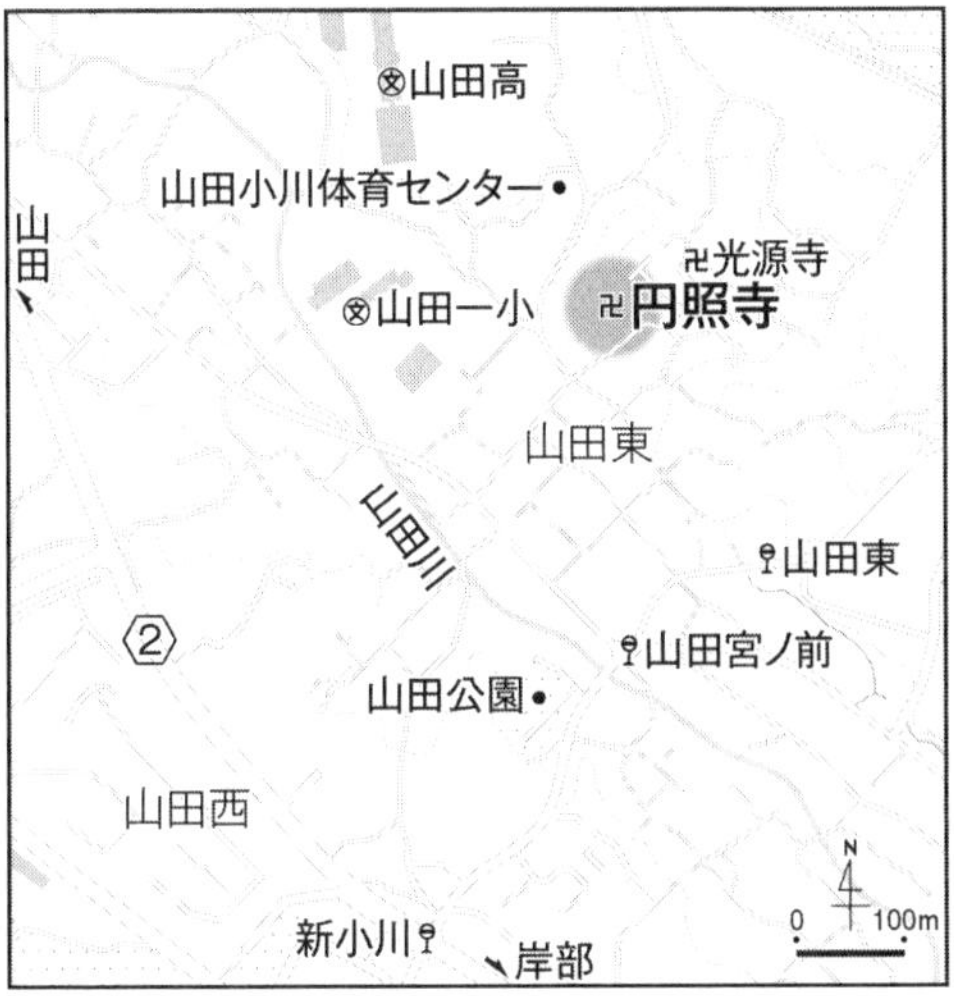

⑨

佐井の清水《しみず》

奈良時代
～吹田市佐井寺地区～

吹田市佐井寺《さいでら》二丁目にあたる山田寺《さんでんじ》※1にまつわるお話です。

佐井寺地区は山間部で、お百姓は水に大変苦労していました。また、生活用水もあまりきれいなものではなく、その水で顔を洗い眼病にかかる人も多かったようです。しかし、僧・行基によって出てきたという清水はきれいで、この水を使うことで眼病も治ったと言われています。

佐井寺は、その寺伝によると、『西遊記』で有名な玄奘三蔵《げんじょうさんぞう》について修行した道昭により、天武六（六七七）年に創設され、その弟子たちに引き継がれて天平七（七三五）年に七堂伽藍と六十余院が完成したと言われています。

佐井寺愛宕山《あたござん》のふもと、行基菩薩が清水を湧かせたと伝えられる空き地に「佐井の清水」と刻まれた碑が立っています。その水は、今でもコンコンと湧き出ていて、佐井寺山田寺の境内に引かれているということです。

むかし昔、佐井寺の村は段々畑に田んぼが多かったさかい、村の衆は水をやるのんにほんに困っとったそうな。

「山田佐井寺《やまださいでら》、月夜でやける※2」

ちゅうて、皆かげぐち叩くぐらいやった。

ほんで村中が寄って、あっちこっちに池を六つも掘ったそうな。

そこへどえらい雨が降って、六つの池になみなみ水が貯まりよった。

「こんでええ、こんでええ」

ちゅうて皆、喜んどった。

ところがどうや、あくる日、池の中、空っぽになっとった。

「ありやぁ、どないなってんな」

と皆、首をかしげよった。

「こらぁ、青谷池《あおたにいけ》の竜が水を天へ吸い上げよったんとちゃうやろか」

ちゅうて、皆青うなりよった。

ちょうどその時分、難儀なもんを助

けたろと、あちこちの国を行脚したはる行基さんがたまたま通らはった。

ほんで、その噂を聞かはって、

「そら、難儀や。ほな、池が空っぽにならんようにせなあかん」

ちゅうて愛宕山へ登り、あたりを見回して祈祷しやはった。

ほしたら、それから六つの池に竜が来んようになったそうな。

「よっしゃ、ええ水出したろ」

と行基さん、愛宕山のふもとで、とんとんと地べたを杖でつかはった。ほしたらなんと、ほんにきれいな水がこんこんと湧きでよった。喜んだ村の衆「我も我も」とその水を浴びたり顔を洗いよった。ほたらどうや、目ぇの悪かったもんも一ぺんに治ってしもたんやそうな。「佐井の清水」で目ぇ洗ろたら治った、そんな噂がぱあっと広まった。

それからずうっと後になって、都にいたはった板倉の殿さん※3の耳にまでその噂が届いた。ほんで、そのお母さんも目ぇの病いを佐井寺で治さはったそうな。喜ばはった殿さんは、そのお礼にちゅうて、山田寺へ梵鐘《ぼんしょう》※4を寄進しやはった、ちゅうこっちゃ。

《きり絵・津守ヒデさん》

※1　山田寺　佐井寺とも言う。吹田市佐井寺一―一七―一〇。

※2　月夜でやる　お月さんの光りでも水が干上がってしまう。

※3　板倉の殿さん　江戸時代前期の譜代大名で現在の千葉県野田市下総関宿藩初代藩主。京都所司代板倉重宗《いたくらしげむね》。

※4　梵鐘　釣鐘。

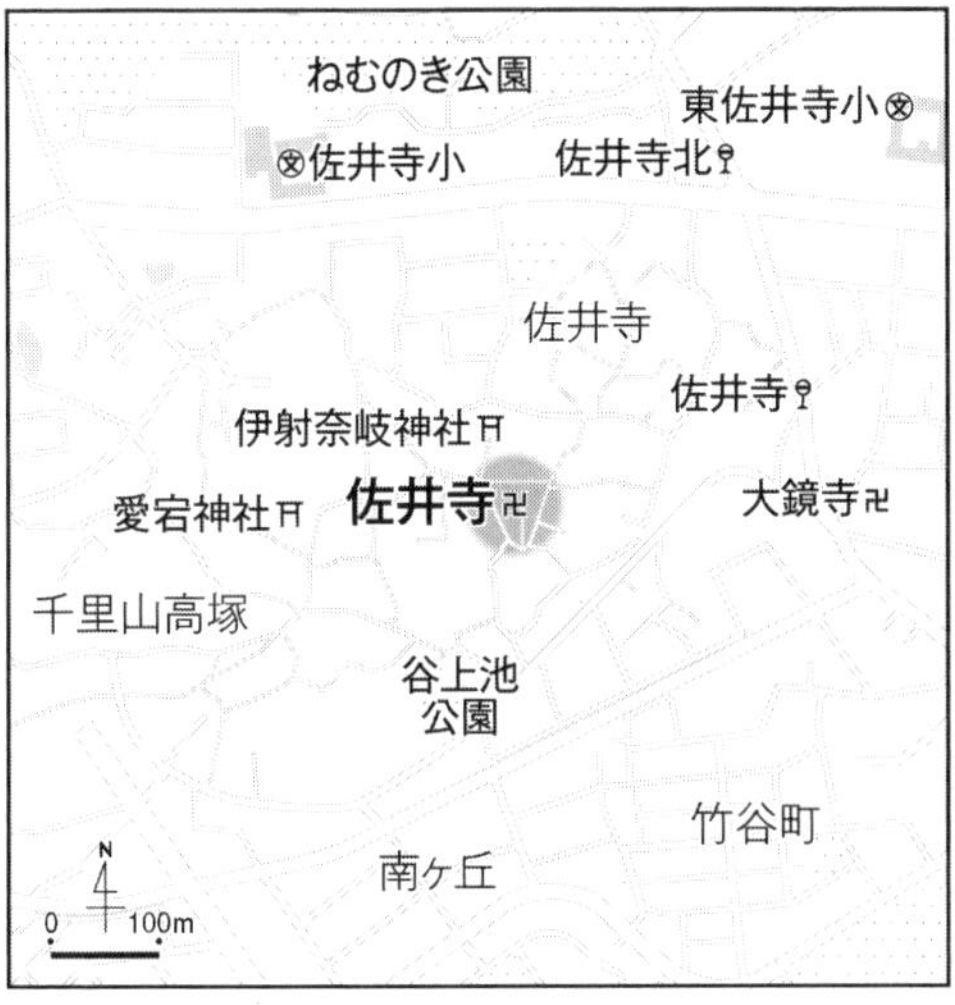

⑩

つなぬき祭

江戸時代
～豊中市上新田地区～

藤蔵《とうぞう》が首を斬られたお話は、上新田（現・豊中市）一帯に伝わっています。

役人が年貢米を多くとるために、田を不正に測量したことに抵抗し、親族一同殺害された藤蔵さんのことを忘れないために、住民たちが「つなぬき祭」を伝承してきました。

「つなぬき祭」とは、検地の日になると町から真綿やつなぬき※1、お菓子などを持って売りに来る祭りで、子どもたちはこの祭りが来るのを楽しみにしていたようです。

上新田の真覚寺《しんかくじ》※2では、「藤蔵まつり」として十二月十四日に藤蔵の供養が行われてきましたが、現在は上新田の天神社※3に移って、藤蔵祭は実施されています。

大正十一（一九二二）年に刊行された『大阪府全志』には、「曽て検地あるに際し、役人は増石を図らんが為め不正の度器を使用せり。藤蔵之を怒り、村民の犠牲となり、其の度器を奪ひて之を切断せしかば、藤蔵及び其の一門は悉《ことごと》く斬に処せられしも、増石の検地は為めに其の儘となりて止みぬ」とあります。

むかし昔、新田村の中ン谷に、藤蔵さんちゅう曲がったことのとんと嫌いな百姓がいた。

「えらいこっちゃ」

旧の十一月二十三日[※4]の寒い晩やった。百姓衆は、緊急に寄合を始めよった。

「えらいこっちゃがな。今度の検地《けんち》、一反[※5]三百歩《ぶ》[※6]の田、三百六十歩にも、計りよるそうな」

「えっ！　そんなあほな。そんなんされたら、わいら年貢に追われてしもて、どえらい飢饉やがな」

「さいな、どないしよう」

「さあなあ、相手はお上やもんなぁ」

皆、明け方まで思案しとった。

「明日、つなぬき買うてな」

奥で子どもが寝言言うとった。

検地になると、町から真綿《まわた》やつなぬきや菓子など持って、商いにくる連中がいた。子どもらは、それが祭りみた

いに楽しみやった。

夜が明けて役人がやってきよった。ほんで間竿《けんざお》※7で藤蔵さんの田から計りかけよった。それ見てた藤蔵さん、

「そんなあほな計りようあるかい！」

ちゅうて間竿ひったくって、へし折ってしまいよった。さあ、びっくり仰天した百姓衆の前で青うなりよった役人連中、

「お、お上に盾突くふとどき者！」

ちゅうて、よってたかって藤蔵さんを取り押さえ、女房、子どもも連れ出して、なんとその場で首をはねてしまいよった。百姓衆は、どうもでけなんだ。

でも、それから毎年、旧の十一月二十四日になったら「つなぬき祭」やちゅうて、首斬田で獲れた米で握り飯こさえ、村中に配り、こっそり藤蔵さんの命日にあてて拝んどったそうな。

役人もそれからは、中ン谷の田んぼ、きちんと計りよった、ちゅうこっちゃ。

《きり絵・田保ゆきさん》

※1　つなぬき　皮で作られた靴のこと。
※2　真覚寺　豊中市上新田二－一－三。
※3　天神社　豊中市上新田一－一七－一。
※4　旧の十一月二十三日　現在の一月初旬。
※5　一反　約千平方メートル。
※6　歩　土地などの面積の単位の一つ。一歩は一坪なので、ここでは三百坪。
※7　間竿　検地に用いた竿。

11

油かけ地蔵

室町時代
～吹田市江坂町～

吹田市江坂町三丁目にある素戔嗚尊《すさのおのみこと》神社（榎坂《えさか》神社）※1参道の西側に安置されているお地蔵様のお話です。

子どもが歯痛の時、一合ほどの油をかければ治ると信仰され、いつも油が絶えません。元は榎坂村の中を通る旧道と新御堂とが交差するあたりにあったそうですが、道路の敷地におられたため、現在の地に移されたそうです。

説経節《せっきょうぶし》※2や浄瑠璃で知られる「小栗判官《おぐりはんがん》」※3の話が、いつの間にかこの地蔵さんと結びつけられ人々に伝えられたのでしょう。

お地蔵さんはお寺の参詣道に設置されて道案内の役目や、距離を示す一里塚としても利用されたようです。

このお地蔵さんの前の道は表面が柔らかく、大八車に荷物を積むとそこで車がめり込んでしまうので、油をさして滑りが良くし車を動したと考えられます。このことが油揚げや油が大好きなお地蔵さんとしてだんだんと広まり、「油かけ地蔵」として伝えられたものと思われます。

むかし昔、榎坂の村はずれに地蔵さんがぽつんと立ったはった。

村のもんが大八車※4に荷積んでその前を通ると、いつもことんと車が動かんようになったそうな。すると、どこからやしらん、

「油、油」

ちゅう声がしたそうな。そんで、みな地蔵さんを拝んで、油揚げ供え、車に油さしては通っとったそうな。

ある日、この道を小栗判官が車に乗って来やはった。ほしたら、地蔵さんの前で車がぴたっと停まってしもうた。お供のもんが、なんぼ押しても引いてもびりっとも動かなんだ。

村の衆はそれ見て、

「ほっとけほっとけ。女子《おなご》七十二人も寄りよった、おごり判官や。罰や」

ちゅうて笑うとった。お日さんが西に傾いて地蔵さんのねきのやぶ笹

ががさがさ風に揺れると、

「油、油」

ちゅう声がした。判官のお供が慌てて油つぼの竹筒だして、車の心棒へさしよった。そんでも車は、道に吸いついたみたいにびりっとも動かなんだ。

村の衆もいらいらしてきて、

「なぁみんな、あんなとこで車動かなんだら、明日の仕事、難儀やでぇ」

ちゅうてお供のもんに、

「地蔵さんに油揚げ供えんかい」

と教えてやりよった。けど、お供のもんも油揚げがのうて、ほとほと困りよった。すると、小栗判官が、

「それも、菜種油やろ」

ちゅうて、竹筒の油を地蔵さんにぱあっとかけやはった。ほしたらなんと、車はからころ動き出しよったそうな。

それからは、村の衆も地蔵さんの前で車に油さしては　油揚げのかわりに、その油を地蔵さんにかけて、その道を通るようになった、ちゅうこっちゃ。

《きり絵・脇田慶子さん》

※1　榎坂神社　吹田市江坂町三―六八―一一。
※2　説経節　語りものの芸能。
※3　小栗判官　室町時代に活躍したと言われる伝説上の人物。浄瑠璃や歌舞伎に登場する。
※4　大八車　大人八人分の荷物を積むことができる。

⑫

長《なが》柄《がら》の人柱

江戸時代
〜吹田市垂水町〜

吹田市垂水町一丁目にある雉子畷《きじなわて》の碑に関わるお話です。

推古天皇（五九三〜六二八年）の頃、長柄橋※1を架ける難工事のため人柱をたてました。

人柱とは、大規模で難しい工事を成し遂げるため、生きた人間を神へ捧げ物にすること、神の加護を得るために人身を御供《ごくう》にすることを言います。

橋は完成しましたが、人柱になった長者の娘は口がきけなくなってしまいます。そのため離縁され、夫に送られて実家に帰る途中、雉が鳴き、それに気づいた夫が雉を射殺します。その時「物言わじ　父は長柄の人柱　鳴かずば雉も　打たれざらまし」と口にします。物が言えることを知った夫は大変喜び、二人は元の夫婦に戻ったということです。

碑は、垂水神社※2の東南の四つ角にあります。大正十（一九二一）年に北大阪電気鉄道（現・阪急千里線）が開通した時、地元の人が電鉄会社に建てさせたものといいます。

むかし昔、垂水の村から大阪へ向けて長い長い橋がかかってたそうな。川上に雨でも降って、水かさが増えると決まって橋は流されてしもた。

村の衆はいつものことやけど、

「難儀やなぁ。なんぞ、ええ思案※3がないもんやろか」

と考えあぐねてしもとった。ほしたら村の長者が、

「人柱がええ。水の神さんの祟りを鎮めるのんは、誰ぞが人柱にならなあかん」

と言わはった。村の衆は、

「長者はんはむちゃ言わはる。生きたまま橋の杭に打たれるて、そんなん誰かて嫌や」

ちゅうて、皆聞かなんだ。

日が経つにつれて、ほなどないしよう、ちゅうことになると、誰もええ思案が浮かばなんだ。ほんで、しぶしぶ人柱出そやないか、ちゅうことになってしもうた。ほな誰が人柱

になるねんとなると、また皆困り果てよった。しまいに長者が、

「くじがええ」

と言わはった。村の衆は青い顔して、自分に当たらんように祈りもって、くじを引いた。

くじは、なんと長者に当たってしもうた。ほんで長者は、人柱になって橋の杭に打たれて川の底に沈んでしまはった。

長者には一人娘がいたそうな。娘はその日からぴたっと、もの言わんようになってしもうた。ある日、できた橋のたもとで川底の父を偲んでたら、草むらから雉が一羽飛び立った。ほして「けん！」と一声鳴いた。

その時、どこからや矢が飛んできて、雉は撃たれてしもうた。娘ははらはら涙をこぼしもって、

「もの言わじ　父は長柄の人柱　雉も　鳴かねば　打たれもしよまい」

ちゅうて初めてものを言うた、ちゅうこっちゃ。

《きり絵・丹羽正子さん》

※1　長柄橋　淀川にかかる橋で所在地については定かではない。
※2　垂水神社　吹田市垂水町一―二四―六。
※3　思案　考え。

⑬

じにんの定吉

江戸時代
〜吹田市南高浜町〜

吹田市南高浜町にある神境町《しんけいちょう》に伝わるお話です。

「じにん（神人）」とは、神社に使える者の名称で、宮司に代わってもろもろの仕事をする人のことを言います。天保十五（一八四四）年、旗本柘植《はたもとつげ》氏の知行所《ちぎょうしょ》支配役※1であった太田彦六《おおたひころく》が、地車※2の修理費をごまかして、神境の人々に訴えられました。定吉は神境にある春日神社※3に仕えていた者で、この一件を機に鎌で腹を切ったと村の人々は伝えています。

このことがきっかけとなり、役人に不満を持っていた住民が行動に移し、神境惑乱《しんけいわくらん》※4は吹田村全体に広がるほどに発展しました。神境町の地車が制作されたのは天保十三（一八四二）年であり、年代的にも合致したものとなっています。

むかし昔、吹田村神境に太田ちゅう代官様が居たはった。代官様は、どえらい酒が好きやったそうな。

ある時、祭りに引っぱるだんじりが傷んでしもて、直すのんに銀三貫目※5もかかるちゅうて、百姓衆がほとほと困っとった。ほんで代官様は、

「わしが直したろ」

言わはって、大昔から春日神社に仕えてた、じにんの家の定吉に言いつけやはった。定吉は代官様の言わはる通り天満の宮大工へさして※6使い走りしとった。ほんで祭りまでに、ちゃんとだんじり直ったそうな。百姓衆は、

「代官様のおかげや」

ちゅうて、みなえらい喜んどった。

そしたら、代官様は、

「だんじりの費用、銀九貫目かかった」

ちゅうふれ※7出さはった。

「そんなあほな。そらかかりすぎや」

百姓衆は、びっくりして騒ぎ出しよった。代官様は赤い鼻ひからしもって、

「かかったもん、しやぁない」

言わはった。

せやけど神境の六垣内《ろくかいち》※8のうち三垣内が寄って、

「銀三貫目でも困ってたのに、銀九貫目なんて無茶苦茶や」

ちゅうて代官屋敷へ怒鳴り込みよった。代官様は、出入りのもんと酒飲みもって、

「わしは知らん。定吉に聞き」

言わはった。

定吉は何も知らなんだ。ほんで使い走りや、責め立てに痩せこけてしもて、夜さり誰も知らん間に、だんじりのねきで草苅り鎌で腹切って死んでしもた。

祭りの日は、えらい雨降りやったそうな。代官様は、

「だんじり、間におうて良かった。めでたい、めでたい」

ちゅうて、みな定吉のせいにして、百姓衆に酒出して、直りたてのだんじり引かさはったそうな。何がめでたいのんか、分からんまま、だんじりも百姓衆も泥だらけになって村中引っ張り回しよった、ちゅうこっちゃ。

《きり絵・栗本昇さん》

※1　知行所支配役　所領にいて年貢収納など在地の支配をする役人。俗に代官と呼ばれた。

※2　地車　だんじり。神輿と違い、駒がついていて地面をひく車。

※3　春日神社　吹田市南高浜町二四―二三。奈良県にある春日大社の末社。現在は高浜神社の御旅所(分室)。

※4　神境惑乱　神境町で起こった一揆。

※5　銀三貫目　およそ五十両。一両十万円と考えると、現在のお金に換算して五百万円くらいになるだろう。

※6　さして　向かって。

※7　ふれ　お知らせ。

※8　垣内　隣組。一つの垣内は、十〜十五軒程度。神境町の場合は六神境だった。その内の三垣内が集まったということ。

14

小《こ》女《じょ》郎《ろう》稲《いな》荷《り》

時代不詳
〜吹田市南高浜町〜

吹田市南高浜町にある観音寺にまつわるお話です。

境内にあった菖蒲池《しょうぶいけ》のそばに小女郎稲荷の祠がありました。お稲荷様は、小女郎茶枳尼《だきに》天《てん》と呼ばれ、仏教の神で夜叉※1の一種とされています。茶枳尼というのは梵語の「ダーキニー」を音訳したものです。

吹田のこのあたりは、いつ頃からかは定かではありませんが、浮浪者や物乞い、遊女などがたむろするようになり、小女郎稲荷の祠に住み着くようになった者もいたと言われています。

小女郎稲荷は「吹田の渡し」※2があったという現在の上高浜橋に近い神崎川旧堤防のきわ、南高浜町十一番にあります。あたり一帯は、昔は観音寺の境内であったと言われ、稲荷さんのすぐそばにある菖蒲池は、観音寺とともに摂津名勝の一つに数えられていました（『摂津名所図会』）。

現在、池には水はありませんが、近所の人々の世話によって菖蒲が植えられています。

むかし昔、吹田村の南を流れる三国川の堤防のねきに、お稲荷さんの祠があった。で、その横に小さな池もあった。このあたりは観音寺の境内で、墓地があったり草がぼうぼうと繁ってたりして、昼間でもあんまり人は通らなんだ。

ところが夜さりになると、その池のはたに面長の色の白い娘が酒どっくりを抱えてしょんぼり立ちよったそうな。村の元気な若い衆は、ついふらふらっとのぞきにいては、いつや知らん間に娘と池のはたで草に隠れて酒を飲んどったそうな。せやけどいつも、

「また狐に池の水飲まされた」

ちゅうて悔しがっとった。

ある夜ふけ、酒屋の表で、こんこんと音がした。

「こないに遅ぉに誰やいな」

ちゅうて、寝ぼけまなこのあるじが出てみると、べっぴんな娘が酒を買いに来とった。あるじは、ぼそぼそぼやきもって酒をちびっと売ってやりよっ

た。ほんで、朝、銭箱を見たら木の葉が入っとった。

「あっ、やられた。狐にだまされた」

ちゅうて、それからはべっぴんの娘には酒を売らんようになってしもた。

娘は、また他の酒屋へ行きよった。その店は、夜更けまで働いとった。ほんであるじは気持ちよぉ酒を売りよった。

「あっ、木の葉や」

あるじは、じきに気が付いたさかいに、そぉっと娘の後をつけよった。ところが、お稲荷さんのあたりで見失しのうてしもた。

「ははぁん、やっぱしここやな。まあええ。お稲荷さんにお供えしといたら、なんぞ、ええことあるやろ」

ちゅうて、このあるじ、それからも木の葉の銭で気持ちように酒を売ってやりよった。

娘に酒を売らなんだ店はだんだんさびれてしもて、誰もしらん間にどこかへ行てしまいよったそうな。小女郎稲荷に酒を供え続けた店は、だんだん繁盛して大きな酒屋になった、ちゅうこっちゃ。

《きり絵・豊田佳美さん》

※1　夜叉　姿醜怪で猛悪なインドの鬼神。仏教に取り入れられて仏法を守護する鬼神となった。

※2　吹田の渡し　船着場。

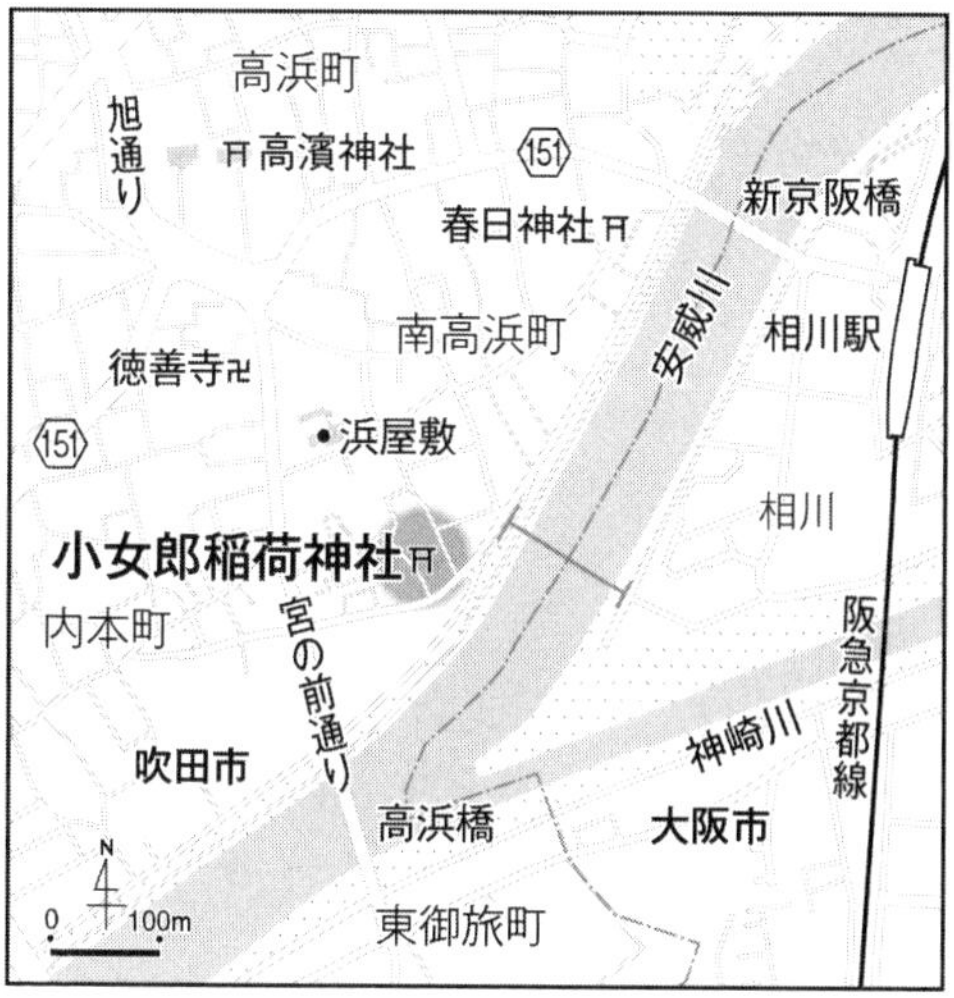

15

かまいたち

明治時代
～吹田市高浜町～

吹田市高浜町にある高浜神社に伝わるお話です。

かまいたちとは、急に転んだ時、あるいはちょっとした動きなどで、打ちつけもしないのに突然皮肉が裂ける現象です。昔は、いたちのしわざにしていたので、その名があると広辞苑にはあります。

高浜神社を舞台にしたこの話は、明治末から大正にかけて、実際にあった話です。当時、高浜神社本殿北側はうっそうとした森で、八連隊※1の演習がよく行われました。指を切った後、大騒ぎになり、捜索の結果、切りとられた指が見つかり、高浜神社の井戸で洗ったと言います。

本文中に出てくる「かみごいちにん　天皇陛下のおんためにに」の「かみごいちにん」とは、「上御一人」と書き、天皇陛下のことを指しています。

むかし昔、吹田村の浜の大宮・高浜神社は、昼間でも薄暗い、うっそうとした森やったそうな。明治、大正の時分でも、お宮はんの裏のあたりは、大きな樹や竹やぶや、隈笹《くまざさ》が茂ってて、またそのあたりに、お稲荷さんの赤い鳥居がずらっと並んでて、夜さりになると狐が鳴いとったちゅうぐらい、なんじゃ気色の悪いとこやったそうな。

明治の時代は、日本中がえらいこっちゃった。なんし、日本の国の二十六倍もある、おっきな支那と日清戦争して勝ったり、またそれよりも一つ大きなロシアの国と日露戦争して勝ったちゅうて、なかでも　軍隊はどえらい威張っとった。

けど、その時分は戦争ちゅうても兵隊の鉄砲の打ち合いやさかい、兵隊が強うなかったらあかん。そんで、「かみごいちにん天皇陛下の御為に」ちゅうて、国の決まりで日本中から元気な若者

集めて軍隊に入れ、戦争に勝つために、どえらいきつい演習に演習を重ねとった。大阪にも馬場町に歩兵第八連隊ちゅう兵士の屯所《とんしょ》※2があった。

で、その中に軍隊や演習が嫌で嫌でたまらん兵士がいた。国の決まりやさかいにちゅうて、しぶしぶ兵隊になったもんの、なんぞ辞めるええ手立てないもんやろかといつも思案しとった。

たまたま吹田村あたりで大演習があった。くたくたに疲れて高浜神社の森で小休止することになった。

その時やった。この兵士、お稲荷さんの赤い鳥居の中へ入りよると、刀で自分の手の指斬り落としてしまいよった。ほんで、

「寝てたら、かまいたちに噛まれましてん」

ちゅうて、上官に届けよった。

それから、どないなったんか。軍隊の中のことは、とんと分からんにしても、指がなかったら役に立たんさかいちゅうて、上官や仲間に疎まれもって、笑われもって故郷へ帰されよった。そんでも、仲間はぎょうさん戦争で死によったけど、この男、故郷でこつこつ働らいとった、ちゅうこっちゃ。

《きり絵・田保ゆきさん》

※1　八連隊　大日本帝国陸軍の大阪の歩兵連隊。「またも負けたか八連隊」と商人気質で損得勘定に長けた大阪商人のイメージとワンセットで語られた事により、「大阪の兵隊は弱い」という風説が生まれた。

※2　屯所　軍兵や巡査の駐在するところ。

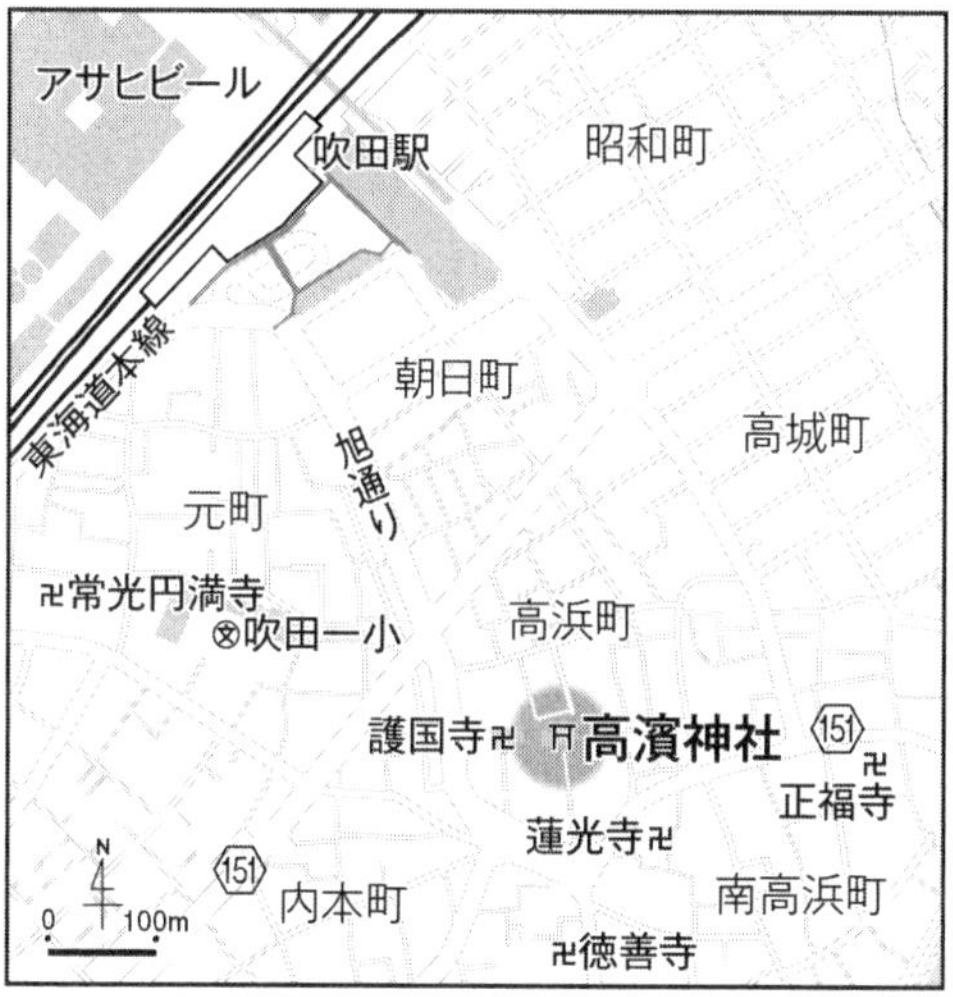

⑯ 茂右ェ門さん

江戸時代
～吹田市内本町～

吹田市内本町あたりに住んでいた早田茂右ェ門《そうだもえもん》さんに関するお話です。

早田家は、旗本竹中《たけなか》氏支配下の有力百姓で、茂右衛門さんの代に酒造業を始め、江戸では「吹田屋《すいたや》」と称して、銘酒「菊渕《きくぶち》」を売り出しました。酒造業の他、過書株《かしょかぶ》※1を持ち、竹中氏をはじめ百姓衆を相手に金融なども行っています。

吹田村は江戸時代、農村の中にあって町場的な存在でした。吹田津（港）は荷物や人が往来して舟運が栄え、亀岡街道、吹田街道の陸運とつながり、当時の交通の要衝、荷物が行きかうことによって農家から多くの商人が生まれ、商売としては扇屋、塩屋、布屋、箸屋、米屋、紙屋など、扱う商品で「吹田」を屋号としたようです。

むかし昔、吹田村の堀奥※2に茂右ェ門さんちゅう分限者がいた。竹中の殿さんにでも直にものが言えるほどやった。

「殿さん、酒造ろ思てますねん」

「ほう、そらええ。原料米回したろ」

ちゅうて、年貢米まで回してもろとった。ほんで、えらい繁盛した。

面白ないのんが地方役人や庄屋で、なんぞ茂右ェ門困らさなと考えて、

「殿さんが、ぎょうさん年貢米増やさはった」

ちゅうて、庄屋が百姓衆にふれよった。そんな時に、また泣き面に蜂で、なが雨が降って、川の堤がくえて※3田が全滅してしもた。
「こらぁ殺生だす。こんなん無茶苦茶や」
ちゅうて、百姓衆がなんぼ地方役人に頼んでも聞いてもらえなんだ。
「もうあかん、江戸の殿さんに直訴

しよ」

百姓衆は思いあぐねて、ご法度※4を覚悟で直訴することに決めよった。ほんでも、ほな誰が行くねんとなると、あかんかった。誰かて江戸までの路銀※5もない。皆、ほとほと困っとった。

「そら気の毒や。よっしゃ、わしが行こ」

ちゅうて、茂右ェ門さん気安うに江戸へ旅立たはった。ほんで、江戸へ来てびっくりした。なんし殿さんが今までと違て、

「あかん、そないに困ってんねんやったら、酒の米、百姓衆に下げたらええ。いに※6」

ちゅうて、今までの原料米一切を打ち切り、出入りまでさし止められてしもた。訳のわからんまま茂右ェ門さん戻ってくると、

「今度はうちがえらいこっちゃ」

ちゅうて、今までに百姓衆に貸した米や銭もようとらんと、じりじり酒造りの道具まで手離してしもた。百姓衆は、

「なんと、頼りがいのない人やなぁ」

ちゅうて、今まで借りてたもんも返しもせんと、皆、横向いてしまいよった。

そんでも茂右ェ門さんは、百姓衆が困ってるさかいにと思て、「百姓衆と庄

屋方とどっちがええか※7」ちゅう、九ケ条の訴え文を書いて、江戸の殿さんに送った。殿さんはそれを見て、

「なるほど、こら茂右ェ門の言う通りや」

ちゅうて無茶な年貢も下げやはった、ちゅうこっちゃ。《きり絵・谷口緋沙子さん》

※1　過書株　舟を運営する株。
※2　堀奥　内本町三丁目。
※3　くえて　崩れて。
※4　ご法度　違法行為。
※5　路銀　旅費。
※6　いに　帰りなさい。
※7　百姓衆と庄屋方とどっちがええか　百姓衆と庄屋方と、どっちの言っていることが正しいか。

⑰

釈迦ヶ池の鴨

明治時代
〜吹田市岸部地区〜

吹田市岸部北にある釈迦ヶ池※1で起こったお話です。

釈迦ヶ池は、冬になると沢山の鴨が渡ってきて、村人は鴨を大切に見守っていました。明治十三（一八八〇）年二月七日、当時神戸に滞在していたドイツのプロイセン王族のハインリッヒは、禁漁区であるにも関わらず、釈迦ヶ池でお供を連れてお忍びで鴨猟をしていました。七尾村の村人がこれを阻止しようとし紛争が生じ農民がケガを負わされたことから、ハインリッヒ一行は警察に取り調べを受けました。

このことに立腹したドイツプロイセン側がその翌日、当時日本には列強の人たちに対する裁判権※2もなく、また王族に対して不敬の振る舞いがあったとして、大阪府と外務省に抗議を申し立てたため、外交問題に発展しました。談判の結果、大阪府庁と吉志部神社で謝罪式が行われ、関係者十三名が処分されて決着を見ました。

むかし昔、岸部の釈迦ヶ池は冬になると鴨が北の国から飛んできて、池じゅう、鴨だらけになってしもたそうな。七尾村に元吉《げんきち》ちゅう爺さんがいた。鴨が好きで、一日中でも鴨を見てたそうな。ある日、元吉じいさん、家で昼寝してたら、ずどん！と音がした。

「なんじゃいな」

と思て池の方を見たら、えらいこっちゃ、池の空真っ黒けになるほど鴨が飛びたっとった。

「えらいこっちゃ」

元吉じいさん、えっちら池まで走ってきたら、今まで見たこともない、赤ら顔の大男がにたっと笑とった。

「何さらすねん！」

ちゅうて、鬼の生まれ代わりみたいな大男に飛びかかって横っ面、嫌と言うほどどやしつけた。

鬼はひっくり返って青鬼になりよった。

ほしたら、ぇらいことになってしもた。なんし、大阪から知事さんがきて、

「元吉、切腹せい」

ちゅうた。

「そんな、あほな。悪いのんは鬼や」

ちゅうても、あかなんだ。切腹せんならんようになってしもた。

岸部の宮さん※3のとこに幕を張り、むしろを敷いて刀を載せた三宝《さんぼう》※4が置いたった。幕の外には村のもんや見物衆やらがぎょうさん集まりよった。

いよいよ切腹の時がきた。村長は、元吉じいさんのねきへ来ると、そっと小さな声で言うた。

「切腹は真似事でぇぇ。知事さんがそない言わはった」

幕の外の見物衆は、つば飲み込んでしいんと黙っていよった。

「ほな、腹切るでぇ」

元吉じいさん、太鼓腹ほりだして切腹の真似事しよった。見物衆は、わあっ！と歓声上げて喜びよった。

池の鴨は、そしらん顔して浮いとった。鬼みたいな大男は、ドイツのハイン

リッヒ殿下やった、ちゅうこっちゃ。

《きり絵・新井佐代子さん》

※1　釈迦ヶ池　吹田市岸部北四丁目。
※2　裁判権　当時の日本では他国の人が罪を犯した場合、当事者が帰属する国の領事が、その国の法律で裁く権利を持っていた。領事裁判権。
※3　岸部の宮さん　吉志部神社のこと。
※4　三宝　神様へのお供え物を載せる白木の台。

⑱

加多野の山賊

室町時代
〜吹田市泉町〜

吹田市泉町四丁目付近の小字名・堅野《かたの》のお話です。

現在の大和大学から片山公園あたり、出口町から垂水へ通じる千里丘陵の山際の道は、うっそうとしていて、付近の人々には昔から追いはぎの出るところと伝えられていました。

この事件は勝尾寺[※1]文書に出ており、暦応《りゃくおう》三（一三四〇）年正月に勝尾寺の僧侶が尼崎へ向かう途中、摂津国加多野《かたの》というところで、穂積《ほづみ》村（現・豊中市）の住人に襲われたというもので、豊中市史にも取り上げられています。

この千里丘陵は、昔は竹藪がうっそうと茂っており、昼でも気味の悪いところでしたので、物語を通して注意喚起したものと思われます。

むかし昔、垂水村と出口村の間に加多野ちゅう、字《あざ》※2があった。このあたりは、山沿い道で大きな木がうっそうと茂ってて、その片側は、ずうっとがさんばら※3が続いてて、そらぁ昼間でも　薄暗かったそうな。

おまけに、がさんばらに隠れた池が二つもあって、がたろ※4が住んどるみたいな、なんし気色の悪いとこやったそうな。ほんで女子《おなご》や気の弱いもんは、いつも冷や汗かきもって通っとったそうな。

ある時、箕面から勝尾寺の坊さんが三人、お寺を修復するために人夫を十五人ほどつれて尼が崎へ材木やら色々仕入れに行こと思て、吹田の渡し場へ急いどった。千里山を越えて、垂水村へ出て加多野へさしかかった時やった。道の山側の隈笹が、がさがさ揺れたと思たら、どやどやっと　大の男が十人ほど坊さんらの前へ躍り出て、

「身ぐるみ脱いで置いていけ！」

ちゅうて、刀を抜いて怒鳴りよったそうな。ただでさえ気色の悪い道やのに、坊さんら肝がのうなるぐらいびっくりしよった。人夫たちも腰抜けかけたけど、坊さんらの手前ちょっとだけ踏ん張りよったけど、あかなんだ。とうとう銭に三十貫文と、持ちもんや着てるものまで、すっくりとられてしまいよったそうな。

さあ、この話がぱあっと村から村へ広まったもんやさかい、それからはこの道を一人では誰もよう通らなんだそうな。でも、他に道がないもんやさかい、どうにもしゃあない時は目ぇつぶって、冷や汗かいて走って通っとったそうな。

せやけど、おかしなことに、それからぴたっと山賊は出んようになったそうな。なんでも、その山賊は奈良の興福寺※5に関わりのある、このあたりの地侍で、箕面の勝尾寺の坊さんともめてたさかいにやちゅう噂がまた広まった。

村のもんは、ほな大丈夫やと思いよったけど、なんし加多野の山沿い道は気色の悪いとこやった、ちゅうこっちゃ。

《きり絵・楠本泰二さん》

※1　勝尾寺　箕面市粟生間谷二九一四―一。
※2　字　村。
※3　がさんばら　背の高い雑草が生い茂っている場所。
※4　がたろ　河童。
※5　興福寺　奈良市登大路町四八。

⑲ 吹田殿

鎌倉時代
～吹田市高浜町・南高浜町～

平安末期から鎌倉初期にかけて吹田村が最も栄えた時代のお話です。
西園寺《さいおんじ》公経《きんつね》は、源頼朝の姪《めい》を夫人に迎え、鎌倉時代に権勢をほこった御公家様です。
吹田村は吹田砂堆《さたい》※1上に形成されており、少し掘れば良質の井戸水が湧き出て、微高地であるので水害が出ても浸水しないことなどから、昔から村を形成する条件がそろっていたと考えられます。

しかも、延暦四（七八五）年に僧・行基によって淀川と安威川《あいがわ》（三国川）の工事で摂津市の一津屋《ひとつや》と別府を繋げたことにより、都から吹田の地へ直接舟で来ることができるようになりました。

吹田殿がどこにあったかについては諸説あり、川面《かわづら》（現・内本町三丁目）の「大の木神社」※2（昭和三（一九二八）年に府が標石を設置）、御所の内の地名が残っている宮の前（現・内本町三丁目）付近、また南町・神境町（現・高浜町・南高浜町）が挙げられています。増鏡《ますかがみ》に「河にのぞめる家なれば…」とあることから、いずれにしても現・神崎川沿いとされます。

むかし昔、吹田の南を流れる三国川に沿うて、西園寺公経というお公家さん、吹田山荘ちゅう別荘をこさえやはったそうな。このお公家はん、京の都でも北山や西山に山荘こさえて、楽しんだはった人で、景色がええと見たら、ほっとけん性質《たち》らしいて、たまたま吹田へさして方違《かたたが》え※3にきて、気に入って、ほんで吹田山荘こさえやはったくらいやさかい、ほんに吹田ちゅうとこは、ええとこやったそうな。

なんし、この山荘から北を見たら、千里の山並みが四季とりどりに色を変え、目の前には底が見えるくらいきれいな川がなみなみと流れ、風に帆をふくらました舟が人を乗せたり荷を運んだりしてた。岸はまっ白い砂浜で、堤防には千年も経ったみたいな、大きな松の木がずうっと並んどったし、そのてっぺんには鶴が舞うとった

そうな。百姓衆は稲を黄金色《こがねいろ》に育てるのに命をかけ、女房たちは　夜なべでかたかたことんと布を織って、ほそぼそ暮らしをたてとった。

お公家はんは、都から客をよんで山荘で遊び、黄金色の稲の穂波を見て「ええ景色や」ちゅうて喜び、きぬたを打つ※4音を聞いては「快い楽の音や」ちゅうて楽しんだはった。鹿の鳴く声を聞いては、江口の里※5から遊女を呼んだり、三国川に舟を浮かべては、かがり火焚いて鵜飼いをさしたり、なにせ吹田山荘では遊ぶことに事欠かなんだ。湯治にいくのにも有馬へ行けたさかい、皆、この山荘へ立ち寄っては遊んだはった。

公経さんの息子・実氏《さねうじ》というお人、吹田山荘を「吹田殿《すいたどの》」と呼ぶことにしやはった。この人も相変らず遊ぶのんが好きで、

「そや、湯治に有馬へ行くより有馬をここへ持ってきたらええ」

ちゅうて、垂水の牧《まき》※6から馬を買うて、毎日有馬から湯を二百樽運ばせて、吹田殿で湯浴みをしたはったそうな。

その時分、お公家はんも百姓もそんでええと思とった、ちゅうこっちゃ。

《きり絵・高田寿子さん》

※1　砂堆　波浪や沿岸流で運ばれた砂礫《されき》が貯まってできた地形。

※2　大の木神社　現在は泉殿宮御旅所になっている。

※3　方違え　都のある京都から有馬へ行く場合、そのまま西に進むと方角が悪いため、一度吹田にきて宿泊してから有馬へ向かうこと。

※4　きぬたを打つ　機で布を織ること。

※5　江口の里　現・東淀川区。

※6　垂水の牧　兵庫県の垂水区にある牧場。

⟨20⟩

五十狭茅宿祢《いさちのすくね》

弥生時代
〜吹田市岸部南地区〜

吹田市岸部南三丁目にある天津神社《あまつじんじゃ》※1に伝わるお話です。

忍熊王《おしくまおう》の話は古事記の仲哀天皇《ちゅうあいてんのう》（一四九〜二〇〇）の項に出てきます。

古事記には、忍熊王と伊佐比宿祢《いさひのすくね》は逢坂山で神功皇后《じんぐうこうごう》軍と闘い、追い詰められて琵琶湖に入って共に死んだとあります。

岸部の人々に伝えられている忍熊王の首を祀っている場所は、岸辺三丁目にある天津神社、胴体を埋めたと伝えられる塚は岸部小路の亀岡街道から佐井寺に向かう旧道（信仰道）を少し北へ入ったところにあります。

むかし昔、岸部の里に五十狭茅宿祢ちゅう戦さのどえらい強い郷士《ごうし》※2がいたそうな。

その時分、天子さまは岸部の里あたりからお妃《きさき》を迎えたはったけど、そのお妃、香坂王《かごさかおう》と忍熊王ちゅう二人の皇子を残してぽっくり死んでしまはった。ほんで、その後へ来やはったお妃、天子様が亡くなった後、自分の産んだ皇子を次の天子様と決めやはった。

収まらんのが、香坂王と忍熊王。お妃に逆ろうたら、お妃は、

「ほんなら弓矢で決めよ」

ちゅうて猪の狩りをしやはった。お妃の方は弓の名人を出したさかい、うまいこと猪を打ったけど、香坂王は打ち損じてそんで、猪に噛まれて死んでしまはった。

忍熊王は悔しいて悲しいて、五十狭茅宿祢に話ししたら、

「ほな、しやぁない。戦さや」

ちゅうて、いっぺんにお妃の軍勢を打ち負かしてしもた。

お妃は、

「次の天子様は忍熊王です」

と言うたもんの、悔しさのあまり悪だくみをして、都へ迎える忍熊王を逢坂山で殺してしもた。

さぁ、びっくりした五十狭茅宿祢。一人で忍熊王の遺体を奪い取り、岸部の里へかけ戻ると、首を南村の芦の中へ、胴を家の近くの土に埋めて、その前に土饅《どまん》頭《じゅう》※3をこしらえた。

あと追うてきたお妃の家来、手柄たてようと思て、土饅頭を掘りにかかりよった。ほしたら何と、急にがたがたっと体中にふるいがきて、熱が出て、こけてしもた。次の家来も、その次の者も、皆、ふるいがきてこけてしまいよった。

それからは、誰も土饅頭を触るもんがおらんかった。

ほんでも、いつの間にやら村の中で、首から上の病を治してもらえる、ちゅう噂が流れて、とくに歯の痛い時には、土饅頭をなでただけで、ころっと治してもろとった、ちゅうこっちゃ。

《きり絵・亀田初子さん》

※1　天津神社　吹田市岸部南三―一五。
※2　郷士　その土地の武人。
※3　土饅頭　墓を建てる前の盛り土。

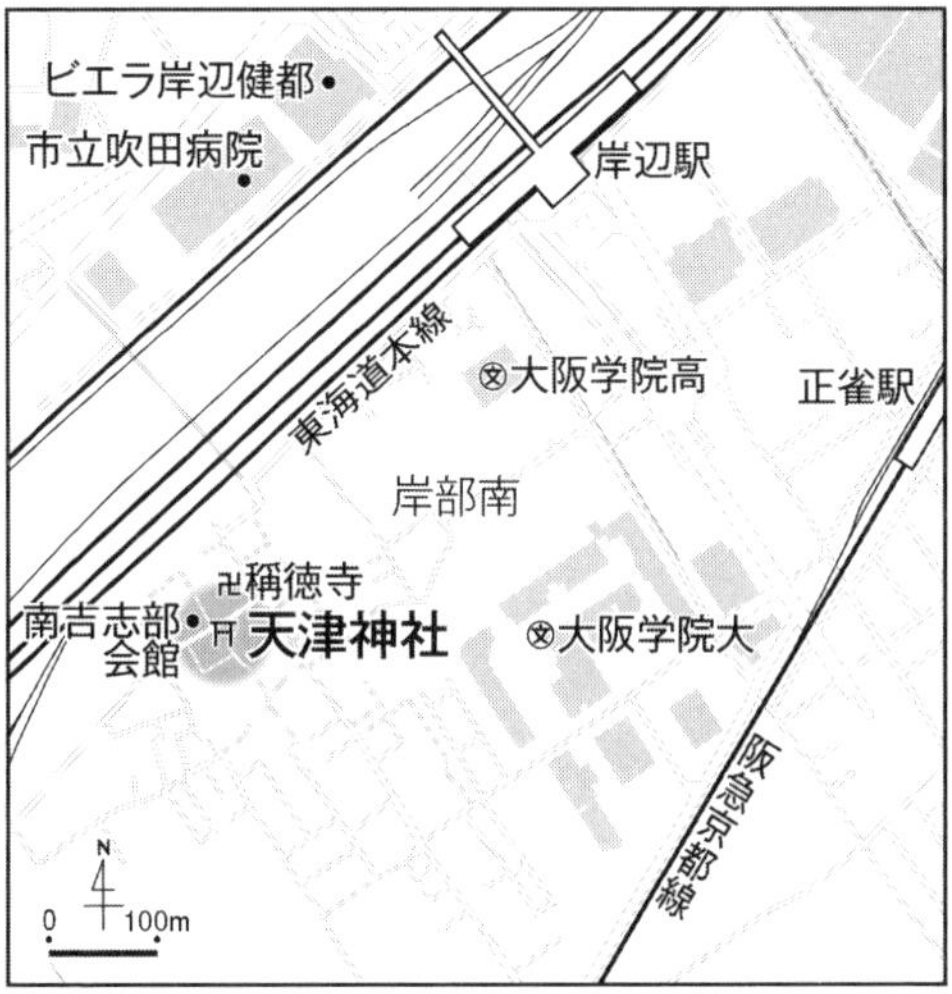

㉑

おかめ茶屋

江戸時代
〜吹田市上山手町〜

今の吹田市上山手町にあった茶店のお話です。そこに、佐井寺という村の山田寺の観音へ参詣するための信仰道《しんこうみち》※1がありました。

元禄五（一六九二）年に作られた寺社吟味帳※2には、天平七（七三五）年に行基が佐井寺より西の山に瑞光※3を見て、土中より栴檀の十一面観音像を掘り出し、この観音像を本尊にして現在の地に七堂伽藍を建てたのを始まりとし、山田寺と名乗ったとあります。

佐井寺の観音は大変有名で、お祭りの日には吹田はもちろんのこと、大阪からの参拝客も多く、大変賑わったようです。佐井寺への信仰道は三本あったと言われ、亀岡街道の岸部小路から北へ向かうもの。六地蔵（現・高浜町）から帝釈寺道と言われる片山の古い集落を抜ける道を通って山の谷（現・上山手町）へ向かう道。もう一つが、この話に出てくる亀岡街道を天道から北にそれ、原町を通っていくものです。昔はレクリエーションがあまりなかったので、神社仏閣へのお参りが楽しみの一つだったのでしょう。

むかし昔、吹田村あたりから佐井寺の観音さんへさしてお参りするのんに、ちゃんと信仰道ちゅうのんがでけたった。亀岡街道に沿うて天道村から原村を抜けて行くのやが、その道すじに、おかめ茶屋ちゅう茶屋があったそうな。観音さんのお祭りの日は大阪方面からもお参りがあったりして、そらぁ賑やかやったそうな。

このおかめ茶屋にべっぴんな娘がいて、えらい人気やった。物腰がやらこうて鈴を転ばしたみたいな声で、

「どうぞお寄り」

なんて言われたら、茶がほしなかっても、ついふらふらっと寄ってしもて、観音さんへお参りするのん、みな、ころっと忘れてしもて、そのまま戻ってしまよるくらいやったそうな。

この娘、お茶にお花に縫いもんはもちろん、ころりんしゃんとお琴まで、たしなんでたもんやさかい、ちょっと村のもんでは手が出せなんだ。

お祭りの日やった。これまた芝居の看板絵から抜け出たみたいなええ男。こらぁ誰がどない見ても、大阪あたりの商家の若旦那やが、お供を連れてふらりとお参りに来た。

「ちょっと休もか」

ちゅうて、おかめ茶屋へ寄ったんが運のつき。この娘を一目見て、頭のてっぺんまでびりびりっとしびれてしもた。村の若い衆と違て、その目ぇの涼しいこと。それがまた、ぽおっと燃えてるのんを一目見て、この娘もまた腰の蝶番《ちょうつがい》ががたっとしびれてしもた。

さぁ、こうなったらどもならん。観音さんどころやのうて、毎日が二人のお祭りになってしもた。ほんで、つい線香の煙みたいにもつれおうて、知らん間に娘のお腹、ぼちぼち膨れ始めよった。

こうなると、どないなったんか。この若旦那、ぴたっと来んようになってしもた。娘は悲しいて悲しいて、毎日毎晩ころりんしゃんと泣きもって、琴引いてたけど、ほとほと村の噂も身もやつれてしもうて、いつの間にやらこのおかめ茶屋のうなっとった、ちゅうこっちゃ。

≪きり絵・岩井伸子さん≫

※1　信仰道　参道。
※2　寺社吟味帳　江戸時代の観光雑誌。
※3　瑞光　めでたい時に出ると言われる光。

22

身代り入牢

江戸時代
～吹田市山田東地区～

吹田市山田の真ん中あたりの村（現・山田東）に伝わるお話です。市兵衛《いちべえ》のことは、山田中村の紫雲寺※1の住職が過去帳に記しています。

山田村の田んぼは山を開拓してできた田であったところから、上等な米を収穫することができました、しかし、平地の水田に比べると出来高は少なく、年貢を納めるのに四苦八苦していました。

そんな中、天保八（一八三二）年に山方八カ村※2で新田改め※3を行うとのお触れがあり、百姓七百人が集まり猶予を願い出たため、徒党を組んだ罪で各村百姓総代※4が捕らえられました。

この時、市兵衛は中村の総代・四郎右衛門《しろうえもん》の身代わりとなって小川村清八《おがわむらせいはち》とともに百五日の間投獄されました。出獄した市兵衛はところ払い※5となり、行方が分からなくなったということです。

むかし昔、山田のなかんじょ※6に、普段、誰とも口をきかん、へんこつで変わりもんの市兵衛さんちゅう百姓がいた。でも、村の寄合があったら、決まって出て行き、いつも柱にもたれて腕組んで、目ぇつぶってじいっと聞いとった。

山田でとれる米は、このあたりでは一番上等やった。けど、出来高が平地の水田に比べたらとんと少のうて、年貢納めの時期になると、惣代さんはいつも代官所にそのこと訴えとった。代官は、

「出来高少なかったら、新田拓《ひら》いたらええ。年貢は年貢、納めなあかん」

ちゅうて、容赦せんかった。村の衆も、平地の百姓衆の倍も苦労して新田を切り拓いとった。

七月やった。代官所から

「明後日、新田改めをする」

ちゅう達しがあった。

「明後日て、そら無茶や。出来高、

代官所で勝手に決められたらどもならん」

ちゅうて惣代さん、慌てて山方八ヵ村へそのこと知らしよった。ほしたら、新田改めの日、なんと七百人も百姓衆が集まって、役人の前に立ちはだかりよった。

役人は慌てて、

「徒党《ととう》組んで楯突いた」

ちゅうて、いんでしまいよった。ほんで今度は、お上に盾突いたかど※7で捕縛役人※8がこっそり惣代さんを掴まえに来よった。

その時やった。市兵衛さん、惣代さんの門の前で腕組んで、でんと座っとった。ほんで、

「わいや、わいが皆呼び集めたんや」

ちゅうたさかい、役人は慌てて牢へほりこんでしまいよった。

百五日経って、牢を出た市兵衛さんは、ところ払いをくろて、どこかへ行てしもた。なんでも伏見で商いしてるとか、いや茨木の目垣※9へ引き取られたとか。そんな噂が流れてた。惣代さんは、身代りになってくれた市兵衛さんを探しに探したけど分からなんだ、ちゅうこっちゃ。

《きり絵・大野行子さん》

※1　紫雲寺　吹田市山田東二—一八—一七。
※2　山方八カ村　あたり一面。
※3　新田改め　新しく開墾した土地の測量。
※4　惣代　町のまとめ役。
※5　ところ払い　追放。
※6　なかんじょ　村の中央部。
※7　かど　罪。
※8　捕縛役人　今の警察。
※9　目垣　大阪府茨木市の南部に位置するエリア。

㉓ 垂水の滝

飛鳥時代
～吹田市垂水町～

吹田市垂水町一丁目にある垂水神社に伝わるお話です。

平安時代、嵯峨天皇の命により編纂された『新撰姓氏録《しんせんしょうじろく》』に垂水公のことが記されています。神社の本殿西にある滝は千里丘陵を流れてきた地下水が二ヵ所で湧き出て、「本瀧」と「小滝」と呼ばれ、どんなに日照りの年でも枯れることがないと言われていました。

飛鳥時代、孝徳天皇の時代（六五〇年頃）に日照りが続き、都のあった長柄豊碕宮※1では水不足で大変困っていました。それを見かねた崇神天皇の子の豊城《とよき》入彦命《いりひこのみこと》の子孫である阿利《あり》真公《まのきみ》が垂水の水を高樋《こうひ》※2を通して豊碕宮まで送る難工事を完成させ、その業績で垂水公の姓を賜り、垂水神社を司るようになったと言われています。

垂水神社は式内社《しきないしゃ》という地位を与えられ、その後は、干ばつの時の雨乞いの祭りに朝廷の使者が来たと史書に見えます。

むかし昔、吹田村あたりのことを水の田と書いたくらいやさかい、百姓衆も田の水にはことかかなんだ。それどころか、低い田は水が多すぎて困っとった。それがなんと、からっと日照りが続いて、日本中からからになった、ちゅう時があったそうな。

ところが、垂水村の百姓衆はちょっとも困らんかった。ちさと※3の山なみから湧き出る水が垂水で溢れ落ちてたからやった。

その時分、長柄豊碕ちゅうとこに宮殿こさえて、天子様が住んだはった。

「はぁ、今日もええ天気や」

ちゅうたはる※4間は良かったけど、かんかんの日照りが続いたら、あかん、なんぼ天子様がいたはるとこやちゅうても、天かてそこだけ雨降らすことも出来んさかい。天子様も水に困っ

てしもて、

「なんぞ、ええ手だてないかいなぁ」

と思案したはった。それを見てた阿利真公《ありまのきみ》ちゅうお人、

「ほな、垂水の滝水引こ」

ちゅうて、垂水村へやってきて百姓衆に頼みよった。

「そらあかん、なんぼねば土※5で、溝こさえても、長柄豊碕まで流れへんでぇ」

と百姓衆は笑とった。阿利真公は、

「違う、天の川や」

ちゅうて、高ぁい長ぁい雨樋《とゆ》こさえてしもた。

「あ、えらいことしやはる」

百姓衆はびっくりしよったけど、

「あれもあかんでぇ、もれてしまうでぇ」

ちゅうて、また笑とった。阿利真公、そんなこともちゃんと勘定に入れて、滝の水そっくり雨樋にとって引いてしもた。天子様はえらい喜んで、阿利真公に、

「垂水公《たるみのきみ》にした方がええ」

ちゅうて、名前をやらはった。百姓衆、田の水みな取られてしもて、

「あ、えらいこっちゃ。田、難儀やがな」

ちゅうてたら、雨が降ってきたりして、天子様の方かて水要らんようになり、百姓衆に返さはった、ちゅうこっちゃ。

《きり絵・丹羽正子さん》

※1　長柄豊碕宮　大阪市中央区法円坂一―六にある前期難波宮跡にあたると推定される。

※2　高樋　足場を高くした雨樋。

※3　ちさと　現在の千里丘陵のこと。「千里」の名前はここからきている。

※4　ちゅうたはる　と言っている。

※5　ねば土　粘土質の土。

24

殿池のがたろ

時代不詳
〜吹田市藤白台地区〜

吹田市藤白台五丁目にある「蓮間《はすま》ヶ池」に伝わるお話です。

山間部のお百姓さんにとって水はとっても大切で、昔は水争いがしょっちゅうありました。この話に架空の動物「がたろ※1」を登場させることで、水を守るためにみんなの協力が必要だということを説き、争いをなくすための教訓としたと思われます。

殿池とは、どの田んぼにも水を引くことができる大きな池のことを言います。蓮間ケ池は、山田村でも最も奥（北）にある池で、奥池ともいいました。

池の樋《ひ》※2を抜く時は、水を取られないよう村（大字）ごとに張番を出し、七日七夜かがり火を焚いたそうです。周辺は円照寺※3の奥の院があったところと言われ、池の中から観音様が出てきたとの伝説もあります。

むかし昔、山田かみんじょ※4の殿池には、きれいな蓮の花がいっぱい咲いとった。ほんで、この池のことを蓮間が池ちゅうたんやそうな。村のもんが池のはたを通ると、ときたま、がたろが蓮の葉をかぶって、池から顔出してじいっと見とったそうな。

ある朝、早うに池の樋を開けて、下の田に水を入れよと思たら、なんと上の田になみなみと　水が入っとった。

「あっ、上の田に水入ったぁる！」

「ええっ、なんでや。下の田から順番に水引くことになってるのに」

ちゅうて、下の田の百姓衆が怒って、上の田の百姓衆へ怒鳴りこみよった。

「よんべ※5、田へ水引いたやろ！」

「あほか、そんなことするかい！」

ちゅうて上の方の田のもんと、下の方の田のもんが喧嘩始めよっ

た。惣代さんが来て、

「待て、待て」

ちゅうて、喧嘩を止めようとしたけど、水は百姓衆にしてみたら命やさかい、どっちも引き下がらんかった。

「ほたら、毎晩寝ずの番せぇ」

ちゅうことになって、上の田のもんと下の田のもんが組んで、毎晩交代で水の番を始めよった。

月夜の晩やった。二人で回ってたら、なんじゃ黒いもんがごそごそあぜを切って、上の田に水を入れとった。

「あっ、こら！」

ちゅうて、慌ててそこまでいくと、誰もいよらんし足音もせんかった。

「ほら、なぁ、やっとるがな」

「おかしいなぁ。どこの誰やろ？」

ちゅうてると、また向こうの方で黒いもんがあぜを切りかけよった。今度は二人共、そおっと草に隠れもって近寄ってみたら、なんとがたろやった。

「こら！がたろめ！」

ちゅうて、掴まえようとしたら、もうどこへ行きよったんか、姿が見えなんだ。
それからは、上の田のもんも下の田のもんも喧嘩をやめて、一緒にがたろの番をしとった、ちゅうこっちゃ。

《きり絵・野口栄子さん》

※1　がたろ　かっぱ。
※2　樋　水路をせき止めているもの。
※3　円照寺　吹田市山田東三―一四―二七。
※4　山田かみんじょ　山田村の北部。
※5　よんべ　夕べ。

25

山田の銅鐸《どうたく》

明治時代
〜吹田市山田東地区〜

明治十一（一八七八）年、吹田市の山田小川字下丁雅《しもちょうが》で灌漑用ため池の開削工事をしていた際に銅鐸が出土したことを元にしたお話です。

山田村の農業用耕作地は山間部にあるので、農作物の水を確保するために大変苦労していました。お百姓は収穫を上げるために山を開拓しますが、そのためには、ため池を作らなくてはならず、山田村には多くのため池が作られました。このお話の正確な場所についてはよくわかっていないのですが、今でも、銅鐸が出土すればメディアなどで話題になりますから、当時であれば相当な騒ぎになったと思われます。

出土した銅鐸は、現在、瀬戸内海の生口島にある耕三寺《こうさんじ》博物館※1の所有となっています。

むかし昔、山田村の千人坊《せんぶ》ちゅうとこで、百姓衆が溜池を掘っとった。「山田のでんばた月夜でやける」ちゅうたくらいやさかい、あっちこっちになんぼ溜池掘っても水が足らんからやった。汗かいて、皆一生懸命に掘ってたら、丘の斜面掘ってたもんが、

「おおい、来てみ、これ何やろ」

ちゅうて、なんじゃ銅《あか》のバケツのへしゃげたみたいなもんぶらさげて、皆を呼びよった。ぞろぞろ寄ってきたもんも、

「何やろ」

ちゅうて首をひねったけど、なんじゃさっぱり分からんかった。ほんでまたぞろぞろ地主のとこへ聞きに行きよった。

「旦さん、けったいなもん出てったでぇ」

「ほう、出てきたか」

「旦さん、これ何でんねん」

「まあええ、置いとき、後で言うたる」

ちゅうて旦那、皆を池へおい戻して慌ててあっちこっち聞きに回りよった。

なんでも、その大昔の話やそうな。天子様が近江の国は大津の宮にいたはる時分、お寺を建てる工事をさしたはったら、山田村で出てきたもんと同じようなもんが出てきたそうな。それにその時は、そのバケツのねきから人の頭くらいの白い石も出てきて、なんと気色の悪いことには、その石、夜さりになるちゅうと、ぼおっと光ったんやそうな。ほんで、百済※2の国からきてた学者の衆にたんねても※3、皆首かしげとったそうな。その時分、日本一のものしりの中臣鎌足《なかおみのかまたり》※4にたんねても知らなんだそうな。

旦那は、そんな話を聞いたもんやさかい、

「こら、えらいこっちゃ。こらぁ宝もんやろか。ふじ※5が入るもんやろか」

ちゅうて、どえらい悩みよった。せやけど、そのバケツは「銅鐸」いうもんや、ちゅうことだけは分かったもんの、何にどないに使うたんか、さっぱり分からんままになってしもとった。

その「山田の銅鐸」が、なんと誰がどないしたんか、瀬戸の耕三寺ちゅうお寺にちゃんと納まってる、ちゅうこっちゃ。

《きり絵・楠本泰二さん》

※1　耕三寺博物館　広島県尾道市瀬戸田町瀬戸田五五三―二。
※2　百済　当時、朝鮮半島西部、および南西部にあった国。
※3　たんねて　尋ねて。
※4　中臣鎌足　飛鳥時代の貴族・政治家。六四五年に起こった大化の改新の中心人物。
※5　ふじ　不事。悪いこと。

㉖

新田《しんでん》の蛇《じゃ》まくら

時代不詳
〜吹田市南吹田地区〜

吹田新田（現・南吹田）に伝わるお話です。

吹田新田は昭和三十九（一九六四）年に区画整理に着手するまで、一面の水田地帯。いく筋もの井路《いじ》※1が流れ、田舟が行きかうなど、ちょっとした水郷地帯のようでした。「蛇まくら」とは、大井路が分岐するところの呼び名。川幅も広く、ふくらんだような形からそのように呼ばれました。昔は夏になると、子どもたちはよく井路で泳いだものです。蛇まくらあたりは深く危険で、手前まできては引き返したといいます。

大左ェ門《だいざえもん》は力持ちではありましたが、大食漢の上、仕事もいい加減にしていたようです。蛇を鎌で切ってしまったことから、蛇の生命力や執念深さがあることを知らせることや、たとえ蛇と言えども命があるものを大切にすることや、井路で蛇まくらと呼ばれている場所は深くなっているので近寄っては危ない、などの教訓として子ども達に教えているようです。

むかし昔、西の庄に大左ヱ門ちゅう百姓がいた。頑丈で力持ちやった。

「おかん、明日まま一斗※[2]焚いてんか。裏の竹やぶ、畑にするのんに十人ほど、てっとてもらう※[3]よってに」

ちゅうて寝てしまいよった。あくる朝、だぁれも来んかった。大左ヱ門、一斗のままぺろり喰てしもて、

「おかん、牛の草刈ってくるわ」

ちゅうて腹膨れたもんやさかい、眠りもって歩いてたら新田の草深かぁい、低みへさして※[4]来てしもた。
「ここどこや、気色悪いとこやなあ」
ぶつぶつ言いもって、あたり見い見い草刈ってたら、くちなも一緒に切ってしもた。ほたらなんと、そのくちなの胴体くね

くねむくむく膨れだしよった。

「ありやぁ」

大左ヱ門、鎌もかんご※5もほったらかしておおこ※6かたげて逃げ出しよった。高ばし※7の上まできたら、何じゃおおこが重とうてならん。ひょいと後ろを見たら、なんと、まくらぐらい太うなりよったくちなのどたま※8、おおこにかぶりついとった。

「ひやぁ！」

びっくり仰天した大左ヱ門、高ばしから井路へさして、そのどたまおおこぐち※9、どぼんとほりこみよった。

「お、おかん。布団ひいてくれ！」

家へ駆け込むなり大左ヱ門、ふとんかぶってがたがたふるとった。ほしたら、また、どっと布団が重《おも》となった。ほんで、そおっと顔だしてみたら、ふとんの上におっけなくちながとぐろまいとった。

「うはぁ！なまんだぶ、なまんだぶ！」

ちゅうなり、布団蹴っ飛ばして表へ飛び出っしょると、むちゃくちゃ走りだしよった。ほんでお寺へ来てしまいよった。鐘楼《しょうろう》へ上がるなり大左ヱ門、えぐい力でつり釣鐘《つりがね》おろして中へもぐりこみ、がたがたぶるぶる震えとった。
あと追いかけてきよったくちな、ぐるぐる釣鐘まきつきよったそうな。新田に蛇まくらちゅう、こんな話が今でも残ってる、ちゅうこっちゃ。

《きり絵・川井ツヤ子さん》

※1　井路　人口的に作った水路。
※2　まま一斗　米十升。
※3　てっとてもらう　手伝ってもらう。
※4　低みへさして　低いところへ。
※5　かんご　籠。
※6　おおこ　天秤棒。
※7　高ばし　橋。
※8　どたま　頭。
※9　おおこぐち　おおこと一緒に。

27

こえぶね天王丸

江戸時代
〜吹田市南高浜町〜

吹田市南高浜町（神境町）にある吹田の渡し場付近で活躍した下肥《しもごえ》※1を運ぶ、こえぶねのお話です。

江戸時代、吹田村では米作りが盛んで石高も高く、それを維持するためには、肥料となる下肥が大量に必要でした。吹田村だけでは、それを賄うことができなかったので、町場（大阪市内）で下肥をくみ取らせてもらい、こえぶねで吹田村まで運んで百姓に売っていました。吹田の浜には七艘運行しており、その一艘が天王丸でした。

神輿が川上から流れてきたという伝説は、摂津の鳥飼《とりかい》、茨木の沢良宜《さわらぎ》にもあります。こえぶねで神輿が簡単に引き上げられたのは、喫水《きっすい》※2が深いからと考えられます。高浜神社の記録によれば、摂津市の味舌村《ましたむら》から神輿をかついだまま安威川《あいがわ》を下る「水中神事」が、明治十九（一八八六）年まで行われ、その後、舟渡御《ふなとぎょ》に変わりました。

むかし昔、安威川は　三国川ちゅうてた時分から淀川の水が流れこんでたさかい、川上に大雨が降ると、ときどき堤防が切れて大水が出たそうな。

ある時、また川の水がどっと増えて吹田村でも向う岸の新庄村でも堤防が危ないよって、若い衆が見張りしとった。川はどえらい勢いで、あか土のどろ水が渦巻いて流れとった。つぶれた家の柱やら崩《く》えた畑のもんやら、どんどん流れてきて、若い衆は面白半分に泳いでいっては、ひろて堤防へ引き上げとった。

ほしたらなんと、神輿がぐるぐる回りもって流れてきた。ほんで新庄村の側の御旅島《おたびじま》※3にひっかかってとまった。

新庄村の若い衆は、

「それっ、今度は神輿や」

ちゅうて、また面白半分に何人もが寄ってたかって引き上げにかかりよったが、おかしなことに、なんぼどないしてもびりっとも動かなんだ。長い長いことかかりよったが、とうとう諦めよった。

　吹田村の側で見てた浜の六兵衛が、

「よう上げよらん、いっちょ上げに行こ」

　ちゅうて、浜の甚左ェ門をさそた。

「おっかしいなぁ、あの神輿、木ででけたるはずやのに上がらんて何でやろ」

　浜甚※4は腕組んで思案しとったが、

「せや、よっしゃ浜六※5、上げにいこ」

　ちゅうて、小さなこえ舟に「天王丸」ちゅう旗立てて漕ぎ出しよった。若い衆は、

「あらぁあかんでぇ、あんな小さな舟に神輿上がるかいな、それにこえ舟やろ。もったいないことしよる」

　ちゅうて皆、苦笑いしとった。

　ところが、なんとお神輿さん、その舟にするりと上がってしまはった。

「この神輿はな、五穀豊穣の神さんや、こえ舟やさかい、上がったんじゃ」

　ちゅうて、浜甚と浜六、牛頭《ごず》天王浜《てんのうはま》の宮※6へさして、その神輿を納めてしもた。ほんで、高浜神社は五穀豊穣を祈願して、神輿の屋根に稲穂を飾り、こえ舟天王丸で毎年、旧の六月十五日には御旅島まで行幸《ぎょうこう》※7するという舟渡御《ふなとぎょ》※8祭り

をしやはった、ちゅうこっちゃ。

《きり絵・野口栄子さん》

※1　下肥　人糞のこと。
※2　喫水　水面から船底までの距離。
※3　御旅島　現・吹田市御旅町。当時は島だった。
※4　浜甚　吹田浜の甚左エ門の略。
※5　浜六　吹田浜の六兵衛の略。
※6　牛頭天王浜の宮　高浜神社のこと。
※7　行幸　神様が御旅所へ向かうこと。
※8　舟渡御　神輿を舟に乗せて川や海を渡る神事。

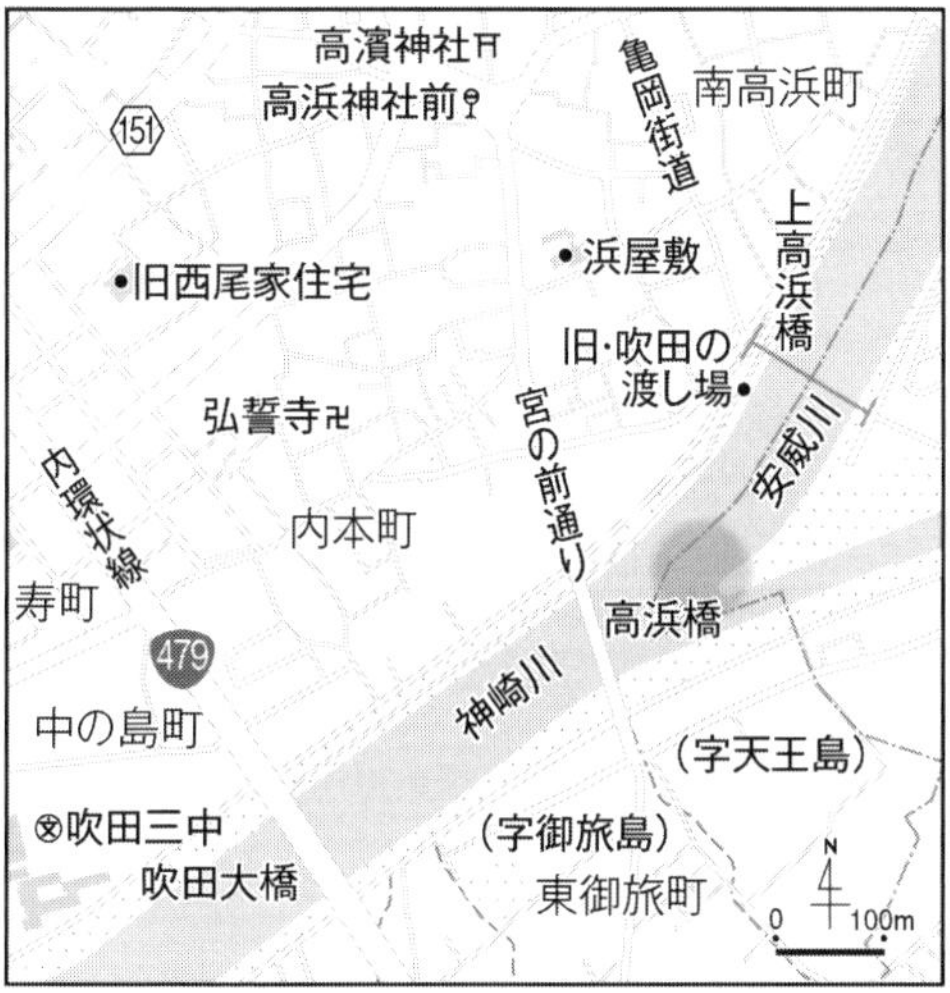

㉘

名次宮《なつけのみや》

室町時代
～吹田市岸部地区～

吹田市岸部中一丁目の亀岡街道沿いにある名次神社《なつけじんじゃ》※1に伝わるお話です。

この話の中に、雨の日に子どもが出てきて焚火をするような場面がありますが、寛政八（一七九六）年に刊行された『摂津名所図会』に出てくる虎宮火《とらのみやび》や二魂坊火《にこんぼうび》の話は、この神社にまつわると言われています。

江坂の「油かけ地蔵」（五十二ページ）もそうですが、街道沿いにあるので、説教師や浄瑠璃で有名な小栗判官の話が結びつけられたようです。切れた縄を繋げたことから、「なわつけの宮」と呼ばれるようになり、「名次宮」の字が当てられたと考えられます。

境内の小石を持ち帰り子どものふとんの下に入れると、夜泣きが直ると信心されました。

むかし昔、岸部の村から西の方へ向けて亀岡街道を行くと、村はずれにぽつんとお宮さんが建ってた。それから先は片山村やった。このあたりは、ずうっと田んぼでお宮さんはどこからもよう見えたそうな。不思議なことに、雨がしょぼしょぼ降る日が暮れになると、そのあたりの田んぼに時たま、ぼおっと火が燃えよったそうな。

「あっ、虎の火や」

ちゅうて、村の百姓衆は誰も近よらなんだ。なんでも別府《べふ》村あたりから、飛んでくるのやそうな。ほんで、その火が田んぼでとろとろ焚火みたいに燃えよると、決まってそのねきに子どものように小柄な赤ら顔の男が二人ちょこんと座って、手かざして火に当たっとったそうな。たまたま旅の人でも火に当たろと思て近よると、すうっと消えて、また向こうの方でぼおっと焚火をしよるのやそうな。

ある日の暮れやった。常陸《ひだち》の国で戦さに敗れて得体の知れん重い病いにとりつかれた小栗判官が、念仏を歌いもって勧進《かんじん》※2して回ってる尼さんに、

「熊野へ行きなされ、病いによう効くお湯が湧き出てるさかい。つかりに行きなされ」

ちゅうて、動けん体を牛車に乗せてもろて長い長い道のりをこのお宮さんの前まできた時やった。雨がしょぼしょぼ降ってきたと思たら、牛の縄がぷつんと切れてしもた。

「あぁ、難儀やなぁ」

ちゅうて、小栗判官は車の上でほとほと困ってしもた。

その時やった。どこからや、小柄な赤ら顔の男がやってくると、にたにた笑いもって、その縄をさっと繋いでやりよった。ほんで、すうっと消えてしまうと、向こうの方の田んぼでぼおっと焚火を焚いて、にたっと笑いもって火に当たっとった。

牛車は判官を乗せたまま、ごとごと熊野の方へ行てしまいよった。ほんで、このお宮さんは　なつけの宮※3というようになった、ちゅうこっちゃ。

《きり絵・岩井伸子さん》

※1　名次神社　吹田市岸部中一―一三―一四。
※2　勧進　興業。
※3　なつけの宮　「なわつけの宮」が詰まった表現。

29

浜のお堂

奈良時代
～吹田市元町～

吹田市元町にある常光円満寺※1に伝わるお話です。

このお寺は、天平七（七三五）年に僧・行基の開創とされています。行基は夢の中で「吹田に聖なる香木がある」とのお告げを聞き吹田に来てみると、お告げどおり砂浜に一本の香木が打ち上げられていました。行基はその香木で聖観音菩薩像を彫刻し、この場所を聖地としてお堂を建て、聖観音菩薩を本尊としました。

浜とは、出口町から神崎川にいたる吹田砂堆《さたい》と呼ばれる砂状の台地のことを言い、お堂は浜に建てられたことから、いつしか「浜の堂」と呼ぶようになりました。

散楽は古代中国で盛んであった舞踏や曲芸などで、奈良時代に日本に伝わり、のち猿楽となり「能」に発展します。現在の能の金春流《こんぱる》は、古くは円満井座《えんまんいざ》と言い、高野辰之《たかのたつゆき》著『日本演劇史』には、円満井座はこの円満寺に属していたと記されています。

むかし昔、行基さんがあっちこっち諸国を回って池を掘ったり道をつけたりしたはった時分のことやそうな。海に沿うて歩いてたら、吹田の村に来てしまはった。

「はぁ、景色のええとこやなぁ。せやけど、海が荒れたらこの村も困るやろ」

ちゅうて、ええ匂いのする木で観音さんを彫らはった。

「これ、祀ったらええ、海からくる災難は免れる」

ちゅうて、広い広い土地に海に向けてお堂を建てやはった。ほしたらなんと、その観音さん、お堂の中で昼日中でも、夜さりでもぽぉっと光らはったそうな。ほんで、この浜のお堂のことを「常光寺《じょうこうじ》」やちゅうようになったそうな。
村の衆は、みなこの不思議な光る観音さんを拝みにやって来よったさかい、だんだん噂も土地も広まって

お坊さんの数も増えて、常光寺の境内に十三も坊さんの家ができたそうな。

それから、ずうっとずっと後のことやけど、岸部村の円満院ちゅうお寺がのうなって、常光寺へ移さはったさかい、また改めて「常光円満寺」ちゅうようになったんやそうな。

その時分のことやった。どこからいつ来たんやら分からん旅の坊さんが、円満寺の境内で歌やらお経やら、なんじゃ分からんこと言うてると思たら、また別の坊さん、骨なしみたいにぐにゃぐにゃに体をくねらして、なんじゃぴいんと綱を張って蜘蛛が糸をつたうみたいに綱わたりしたり、軽業《かるわざ》※2みたいなこと始めよった。

光る観音さんを拝みにきた村の衆、

「あれ、何やろ」

ちゅうて、ごそごそ見に来よった。そのうちに、吹田の高浜や江口あたりで遊んでたお公家さんもちょいとのぞいては苦笑しとった。

「ほほう、吹田でも百姓に散楽《さんがく》見せるもんがでてきよった」

村の衆も楽しんで円満寺の猿楽《さるがく》を見とった、ちゅうこっちや。

《きり絵・小山光枝さん》

※1　常光円満寺　吹田市元町二八―一三。
※2　軽業　曲芸。

30

くりぬき水路

江戸時代
〜吹田市佐井寺地区〜

昔、佐井寺村から吉志部村の釈迦ヶ池まで水路をくりぬいたお話です。

明和九（一七二二）年、淀藩の地租《ちそ》減免状《げんめんじょう》※1によると「吉志部用水掘抜井路敷引高二石五升九合」とあり、くり抜き水路は、すでにこの頃完成していたようです。釈迦ヶ池は大変大きな池ですが、五か村か六か村がこの水を利用するため、まんべんなく活用することが出来ませんでした。そこで、岸部村の住人が佐井寺村に掛け合って、雨が降っても下流に流れてしまう雨水を、水路を作って釈迦ヶ池まで通してほしいと頼みました。工事にかかる費用はもちろん、通さしてもらう田持ちの衆にも、毎年お礼をする条件を出しました。

トンネルの出入口の構造は約二尺※2の幅の石組みをつくり、トンネル部分には鉱山採掘のトンネルを作る技術を採用していて長さは約一二六メートル、土木技術の発達していない当時としては、たいへんな難工事であったと考えられます。このくり抜き井路によって、佐井寺村の排水がよくなり、また吉志部郷の村々の用水ともなったのです。

むかし昔、吉志部の郷《ごう》※3へさして、佐井寺村からたんぼの用水を引くことになったんやそうな。

そらぁ吉志部には、釈迦ヶ池ちゅう大池はある。そら豆一升、一粒ずつぽりぽり喰てしまわな、ぐるり回れんぐらい大っきな池や。せやけど、四つも五つもの村が水引いとったさかい、どの田にもうまいこと行き届かなんだそうな。

新池掘ってもあかなんだ。やっぱり水は足らなんだそうな。ほんで村の衆は思いあぐねて談合《だんごう》しよった。

「どないや、佐井寺は吉志部より高台やけど、すりばちの底みたいな村や。雨水かて要らんとこへどんどん流れてしもとる。あれ、こっちへ引かしてもろたらどや」

ちゅうて佐井寺村へさして頼みに行きよった。

「そらぁ、難儀してるやろ。せやけど、釈迦ヶ池へ水落とすちゅうても、山があるさかい無理やでぇ」

「その山、なんとかならんかいな。いりか[※4]は吉志部が持つ、井路通さしてもらう田の衆にも、毎年きちんと礼もする」

ちゅうて、とっと頼みこみよった。佐井寺村かて、倹約せぇちゅうおふれが出たくらいやさかい、寄って思案しよった。

「ほな、いっちょ山くりぬこか」

ちゅうて、佐井寺の衆、どえらい難工事を始めよった。ほんで、とうとう七十間[※5]も山くりぬいて、釈迦ヶ池まで三百間[※6]もの井路通してしまいよった。

えらいこっちゃったそうな。それから何代も後のことやった。

ある日、村のもんが田へ行こと思て、そのくりぬきのはたを通りよった。ほしたら、その入口に縄がくくりつけたった。ほんで、中から何じゃ知らん声が聞こえてきよった。村のもんは　何やろと思て縄をたぐりよった。ほしたら何と、真っ蒼な顔してがたがた震えもって、裸の男が出てきよった。

　それから村の衆がくりぬきの中のこと、誰がなんぼ尋ねても顔そむけてしもて、何も言わなんだ、ちゅうこっちゃ。

《きり絵・栗本昇さん》

※1　地租減免状　税金を免除するという通知書。
※2　二尺　約六〇センチメートル。
※3　郷　村。
※4　いりか　「入価」と書き、必要な費用の意。この場合、吉志部が水路の土木費用を支払い、その周辺の佐井寺村の衆にも、毎年きちんと礼をするということ。
※5　七十間　約一二六メートル。
※6　三百間　約五五〇メートル。

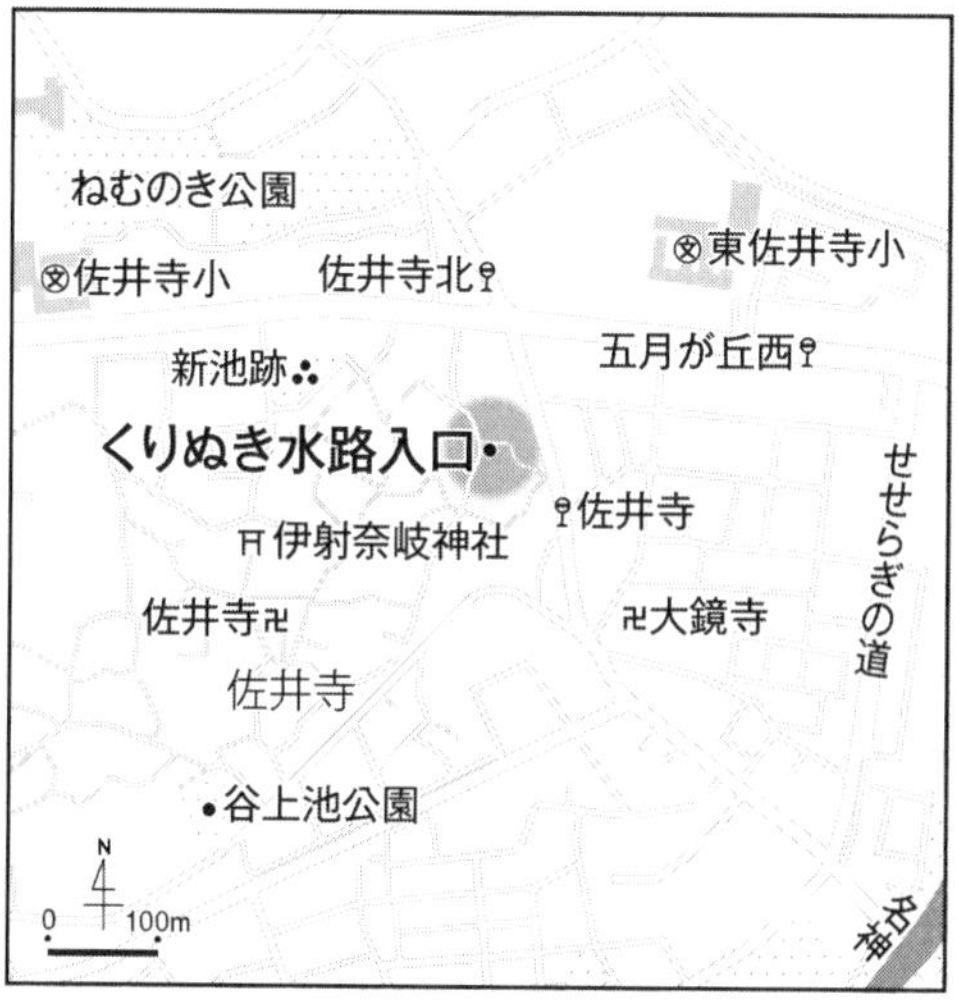

31

いずみのほこら

平安時代
〜吹田市西の庄町〜

吹田市西の庄町にある泉殿宮《いづどのぐう》に伝わるお話です。

貞観十一（八六九）年に播磨の国、広峰《ひろみね》の宮《みや》※1から京都の八坂神社《やさかじんじゃ》※2に須佐之男《すさのお》の大神を迎える途中、吹田村を通られる際に泉殿宮に立ち寄って疫病祈願をしたが、雨が降らずに地中から泉が湧き出て、水不足が解消された話です。

この「泉殿霊泉」は「佐井の清水」「垂水の滝」と並ぶ吹田の三名泉の一つです。明治二十二（一八八九）年に霊泉の湧水をドイツのミュンヘンに送って検査したところ、ビール醸造に適した水であるという保証を得たことで、同水系の湧水を使って泉殿宮の隣接地に東洋初のビール醸造工場（現・アサヒビール吹田工場）が建設されました。

貞観十一（八六九）年に須佐之男大神を迎えた話は、高浜神社の縁起と全く同じであり、二つの神社は、貞観年中に吹田の集落ができ、後にそれが東西二つの集落に分れたことと関係しているのではと言われています。

むかし昔、吹田の村も京大阪の町も、なにせ国中がからからに乾いて雨がちょっとも降らなんだ時のこっちゃった。京の都にどえらいきつい疫病《えきびょう》が流行ったそうな。町の衆がなんぼ八坂の神さんにお祈りしてもあかなんだ。疫病は広がる一方やった。

心配しやはった天子様は、

「はりまの国　広峰の宮におわす　須佐之男の大神を呼ぶがええ。悪疫を退治してくれる」

と言わはったさかい、町の衆はさっそく八坂の宮へお迎えすることになった。

播磨の国からはるばる京へ向わはった須佐之男大神の神輿。吹田の村を通らはった時、西の大宮※3の神主さん、

「そうや、吹田の村の衆も日照り続きで困っとる。一つ雨を降らしてもらお」

ちゅうて、その神輿をお泊めしやはった。ほんで、村の衆を集めて神輿の前で雨乞いのお祈りをしやはった。ほしたらなんと、雨雲が湧くどころか天に広がってた白い雲まですっからかんにのうなってしもた。

「ありやぁ、須佐之男の大神様は天の大神様の弟さんやけど、なんしえぐい暴れもんやったさかい、天の大神様、横向かはったんかもしれん」

ちゅうて、村の衆は皆ためいきつきよった。

その時やった、境内のひととこの地面がむくむくっと動いたと思たら、さわさわときれいな泉が湧き出しよった。

「ひやあ！天からやのうて水が地べたから降って湧きよった！」

ちゅうて、村の衆、気がくるたみたいに小躍りして喜びよった。あくる日、播磨の国、広峰の宮の神輿はしずしずと山城の国八坂の宮※4へ旅立った。

それからはなんと、境内だけやのうて田ン畑にも道ばたにも西の大宮のあたりには水がこんこんと湧き出しよった。ほんで、泉殿《いずどの》の宮と呼ぶようになり須佐之男の大神をお祭りし、いずみのほこらを建てたもんやさかい、神主さんが雨乞いしやはったら、竜が天へ登るぐらいの大雨が降りよった、ちゅうこっちゃ。

《きり絵・高田寿子さん》

※1　広峰の宮　広峰神社。兵庫県姫路市広嶺山五二。
※2　八坂神社　京都市東山区祇園町北側六二五。
※3　西の大宮　泉殿宮を指す。
※4　山城の国八坂の宮　京都市の八坂神社を指す。

32

なげだし墓

江戸時代
〜摂津市坪井地区〜

旧味舌村《ましたむら》（現・摂津市）の坪井に伝わるお話です。

この話に出てくる墓は、ＪＲ千里丘駅を北側で降りて、府道高槻京都線を越え、亀岡街道と交差する左手にあります。現在は摂津市域にあり、亀岡街道を隔てて吹田市（千里丘下、長野東＝旧山田下村）と接しています。亀岡街道沿いにあるためでしょうか、坪井の人の話では、この墓にはよく盗賊が潜んでいて、旅人を襲ったということです。

むかし昔、山田しもんじょ※1のじねんじ山ちゅう丘のあっちこっちに田んぼに水引くための小さな溜池があったそうな。ほんで、その池を縫うみたいに、じねん寺墓へ行く墓道がでけたった。

ある時、村の一人もんが死んださかい、村の衆が寄って青い松の葉のたば、ぎょうさんこしらえて、じねん寺墓へ焼きに行きよった。棺桶《かんおけ》かいて、墓のねきの池のはたまで来た時やった。ふいに、どおっと大っきな雨が降ってきよった。

「うわぁ！えぐい雨や！」

「わぁ、こらあかん！どえらい雨や、こらぁ燃えへんでぇ、見てみぃ、棺桶ぼとぼとや」

「せやなぁ、こらあかんわ。明日にしよ」

ちゅうて、棺桶、池のはたへ投げ出して皆いんでしまいよった。

その夜さりのことやった。雨が止んでたまたま村のもんがそこ通りかかりよった。ほしたら、ばりばりっ！ちゅう音がした。何やろと思て、あたりを見たら、なんと棺桶の中からにゅっと亡者《もうじゃ》が立っとった。

「ひやぁ！」

三尺※2ほど飛びあがった村のもん、一ぺんに腰ぬかして這いもって逃げて行きよった。あくる朝、また村の衆が寄って、

「ほな、行こか」

ちゅうて棺桶焼きにやって来よった。ほしたら、どうや。よんべ投げ出した棺桶、のうなっとった。

「ここへ置いたがな」

ちゅうて。そのあたりなんぼ探しても影も形ものうなってしもとった。

「おっかしいなぁ、どないしよってんやろ」

ちゅうて、皆すごすご戻ってきよった。

その日からやった。じねん寺墓の池のはたへ行くちゅうと、歩いてるのになんじゃちょっとも前へ行けなんだそうな。いつや知らん間に、するするっと池の方へ寄ってしもて、ずぶずぶっと池へはまりこんでしまいよったそうな。

ほんで、皆ずぶ濡れになって、戻ってきよったそうな。そらやっぱり、雨でず

ぶ濡れになりよった投げ出し墓の亡者がいよるさかいにやでぇ、ちゅうこっちゃ。

《きり絵・地本節子さん》

※1　しもんじょ　村の南部。

※2　三尺　約九十センチメートル。

33

はたふり松

明治時代
～吹田市高浜町～

吹田市高浜町にある高浜神社に伝わるお話です。

旗振り通信は、明治維新後解禁され、堂島の米相場を伝えるために盛んにおこなわれるようになりました。昭和八（一九三三）年刊の『明治大正大阪市史第五巻』によると、吹田には千里山・茨木阿武山・柳谷西山を経て京都に伝える業者の系統がありました。明治二十六（一八九三）年三月の電話開通後も、市外通信は未発達で、大正三（一九一四）年まで旗振り通信が用いられていました。ここでは電話の発達によって旗振り通信が衰退したように書かれていますが、実際は高い建築物が増えて見通しが悪くなったことが、その原因だと言われています。

むかし昔、吹田村が吹田の荘やった時分から浜の大宮※1の境内にはおっきな松の木がぎょうさん茂ってたそうな。後嵯峨上皇※2がたまたま遊びに来やはって、その見事な松を見て心打たれ「来て見れば　ちとせもへぬべし※3　高浜の松に群れいる　鶴のけごろも」ちゅう歌を詠まはったぐらいやった。ほんで、村のもんはその歌にちなんで、境内で一番おっきな一番高うにそびえてる松を鶴の松ちゅうとったそうな。明治の時分にも残ってて、そらぁおっきな見事な松やったそうな。その時分、大和《やまと》の国の若井の村※4に源助《げんすけ》ちゅう相場師《そうばし》※5がいた。源助は、大阪の堂島からの米相場を飛脚屋※6に頼んで知らせてもろとった。

ある日、源助が表で相場の知らせを待ってたら、遠くの方から飛脚が走ってくるのんが見えたそうな。

「まだあんなとこ走っとる。あれが着かんことには相場が分からんとは情けない」

ちゅうて、いらいらしとった。

その時、ふっと思いつきよった。

「あっ、そうや！」

「なんぼ遠かっても、合図したら見えるやないか」

ちゅうて、ほんで源助は大阪の堂島から順々に高いとこで傘を広げたりすぼめたり、白い旗や黒い旗を振ったりして合図してみたら、なんとどえらい早いこと相場が知れたそうな。こんなことは、じっきに世間へぱあっと広まって、あっちこっちで旗ふりの通信が流行りだしよった。

浜の大宮の鶴の松は、淀川の長柄堤から見えたそうな。ほんで、この松は、はたふり松となって、あっちこっちの通信の役目を果たしとった。

ところが明治二十六（一八九三）年になって、大阪で三百七十軒もの家で電話がひけたそうな。そないなると、あかん。なんぼ飛脚より速うても、やっぱり電話には敵わん。はたふり松も、いつや知らん間に、そっと止めてしもとった、ちゅうこっちゃ。

《きり絵・津守ヒデさん》

※1　浜の大宮　高浜神社のこと。
※2　後嵯峨上皇　第八十八代後嵯峨天皇の退位後の称号。
※3　ちとせもへぬべし　長い年月を経た。
※4　若井の村　奈良県平群町。
※5　相場師　株や米相場を扱う人。
※6　飛脚屋　郵便屋さん。

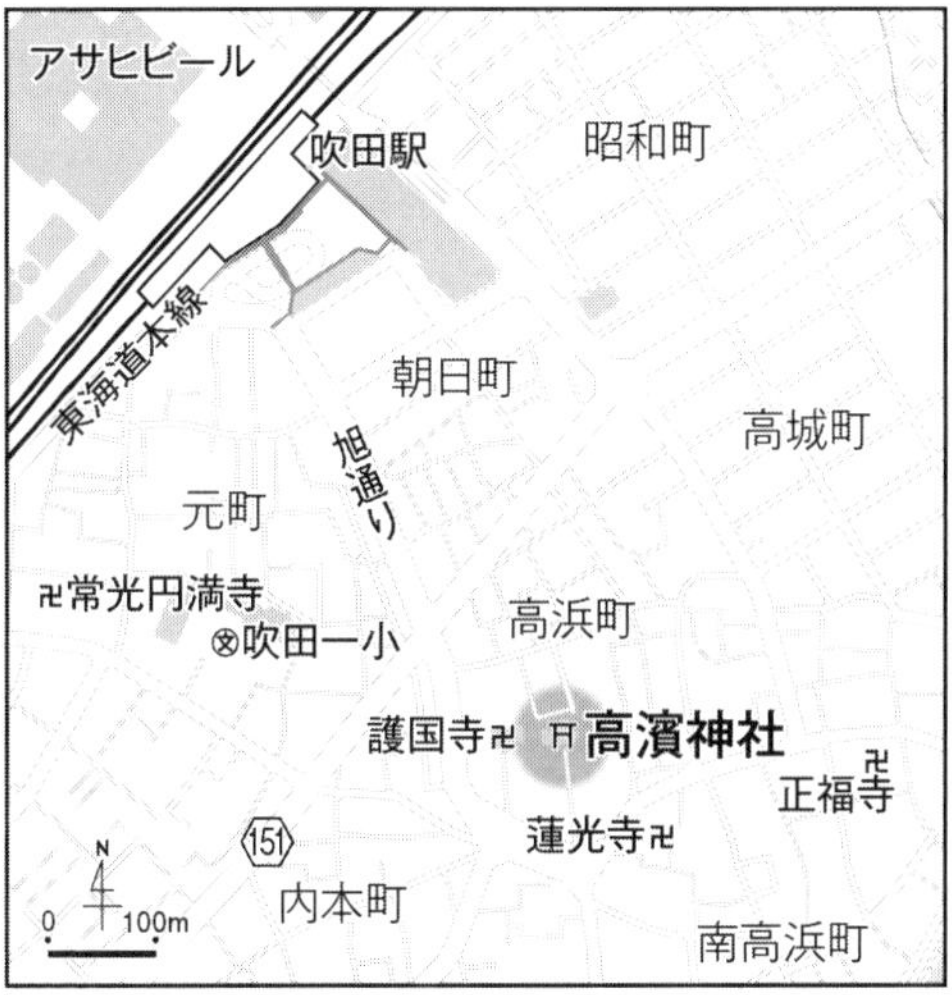

34

天井の絵

江戸時代
～吹田市山田東地区～

吹田市山田東にある紫雲寺に関わるお話です。

森狙仙《もりそせん》は寛延二（一七四九）年に生まれ、文政四（一八二一）年に没した江戸時代後期の絵師。通称は八兵衛《はちべえ》、花屋の屋号も用い、大阪で活躍した森派の祖となりました。

狩野派に学んだ後、円山応挙※1の影響を受け、写生画法を取り入れながら独自の画風を追求し、動植物を多く描きました。なかでも猿を描くのを得意とし、まつわる多くのエピソードを残しています。

狙仙の研究家によれば、紫雲寺の天井画は安永二（一七七三）年の作で、現存する狙仙の画の最も古いものです。

紫雲寺の天井画は昭和四十七（一九七二）年に大阪府の文化財として指定を受けています。

むかし昔、山田村の百姓衆も千里山を越えて新田を拓きに行っとったそうな。場所や土によって米だけやなしに桃も植えよった。ほんで、桃の実がでけるようになると、鳥や猿にとられるさかい、新田に住みつくもんも出てきた。

ある日、朝早うに桃畑の番しにいこと表に出たら、猿が桃持って走りよった。

「あっ、やられた」

百姓は、こらどむならん[※2]と慌てて桃畑の入口まで走ってきたら、

「しいっ!」

と一人の男が横から飛び出して手広げて百姓の前に立ちはだかりよった。

「な、何さらすねん。のかんかい、桃、猿にとられてるやないかい!」

「ちょ、ちょっと待ってくれ」

ちゅうて、慌ててまた木の影へ行くと、筆と紙持って何やら描き出しよった。

「あほかい、桃がわや[※3]やがな」

ちゅうて畑へ行ことすると、その男また飛び出してきて、

「いや、ちょっと、もうちょっとや」

「あぁ、ほれ見い。どん猿め、桃とっとるがな。いったいお前はん誰や」

「わしゃ、花屋八兵衛や。すまん、今ええとこやさかい」

ちゅうて頼みこみよった。百姓は、その血ばしった眼見たら、何じゃ畑へ入れんようになってしもた。

猿は機嫌よう桃の実とって喰ろとった。それ見て百姓、いらいらしてたら、

「さぁでけた。こんでええ、ほなごめん」

ちゅうて、花屋八兵衛すたすた山田村の方へさして戻って行きよった。

「くそったれ！」

百姓は、地団太踏みよった。

花屋八兵衛ちゅうたら、猿の絵描いたら日本一やと言われた円山応挙よりもうまいと評判の高い、森狙仙ちゅう絵描きさんのことで、紫雲寺に泊まりこんでは、あっちこっち鳥や獣やらを描きに歩いてたんやそうな。

今でも紫雲寺の天井には、鳥やら小動物やら、桃をとっとる猿の絵やらが七十八面も描き残されてる、ちゅうこっちゃ。

《きり絵・宮崎朝さん》

※1　円山応挙　江戸時代中期～後期の絵師。近現代まで系統が続く円山派の祖で、写生を重視した画風。

※2　こらどむならん　これはどうにもならない。

※3　わや　だめになる。

35

長柄《ながえ》の傘《からかさ》赤袋《あかぶくろ》

江戸時代
～吹田市江坂町～

江坂町三丁目にある法泉寺※1に伝わるお話です。

法泉寺には多くの文人や学者、芸術家等が集まり、賑わっていました。その中にいたのが渡辺英綱《わたなべひでつな》。備後国芦田郡上有地村（現・広島県福山市）出身で、大阪堂島船大工町などに仮住まいをし、明和元（一七六四）年に和算書『大数量握掌一覧《だいすうりょうあくしょういちらん》』を出版しました。天明八（一七八八）年、法泉寺に滞在中に死亡したと言われています。

江坂公園墓地に、渡辺英綱の墓が残されていて、墓の正面に「長柄傘《ながえからかさ》　赤袋《あかぶくろ》　大数量院覃莖墓」、側面に「従五位下　渡邉前養麟軒樂山源英綱入道」「天明八戊申六月五日寂」とあります。長柄のからかさ※2に赤い袋をかぶせて背負っていたことや、従五位《じゅごい》※3の下の官位を得ていることから、さまざまな逸話が生まれたようです。

むかし昔、江坂にある法泉寺は格式が高うて、皇族の方々もこのあたりへ来やはったら決まってこの寺で休んだりしやはったそうな。それにまた、この寺には絵描きやもの書きの居候《いそうろう》がいつも二十人位はごろごろしてたそうな。

で、その中に渡辺英綱ちゅう人がいた。この人、大阪の大野木市兵衛《おおのきいちべえ》ちゅう本屋から何じゃ難しい数学の本を書いて出版したり、医者の心得もあって法泉寺のあたりに薬草園を開いて薬こさえたり、歌詠んだりして、なんし村の衆のためにとっと尽くしたそうな。

ほんで、お上から従五位下中位《じゅごいのげのちゅうい》をもろた。

「ふうん、居候のわしがこないな位もろて、この寺の和尚、位のないのんがおかしい」

ちゅうて、お上へさして和尚に位をやるように頼んだそうな。けど、あかなんだ。英綱さん ほんでも何べんも嘆願書書いて頼みこんだけど、やっぱりあかんかった。

「ほな、しゃない。わしゃ居ずらいさかい、でけるだけ寺におらんようにする」

ちゅうて、勝手に長柄のからかさに赤い袋かぶせて、そいつを背中にせたろうて、あっちこっち歩くことにしたんやそうな。

ある時、河内の喜志※4のあたりへいた。ほたら百姓衆が長柄のからかさに赤い袋をかぶせてるのんを見て、

「こら、どえらいお方が来てくらはった。天の助けや」

ちゅうて、寄ってたかって英綱に雨乞いを頼みよった。田んぼは水がのうて、からからやった。

「ほな、ちょっとやってみよ」

ちゅうて英綱さん雨乞いしたら、なんと、どおっと雨が降り出しよった。それがまた、とっと降り過ぎて止まなんだもんやさかい、このあたり大水が出てしもた。

「あぁ、こらちとやりすぎた」

ちゅうて、また雨を止めたんやそうな。ほんで、長柄の傘赤袋はあっちこっち引っ張りだこやった、ちゅうこっちゃ。

《きり絵・谷口緋沙子さん》

※1　法泉寺　吹田市江坂町三―二一―二。
※2　らかさ　和風の雨傘。
※3　従五位　国の制度の基づく地位の一つ。従五位以上が貴族とされる。
※4　河内の喜志　現在の大阪府南河内郡喜志町。

36

お玉まつり

時代不詳
～吹田市南高浜町～

南高浜町（神境町）にある旧春日神社※1に伝わるお話です。

春日神社は鎌倉時代の仁治一（一二四〇）年に、奈良春日大社の末社として藤原氏によって創建されました。

お玉まつりの起源は定かではありませんが、旧暦一月六日（現在の二月二十日頃）の夜にふんどし一枚の裸で水垢離《みずごり》※2をして身を清めて神社に参拝し、本殿から投下されるお玉を奪いあう勇壮な裸祭りとして近郷近在に広まっていき、大変多くの参加者があったようです。

裸祭りとしては四天王寺※3の「ドヤドヤ」、岡山の西大寺※4の「会陽《えよう》」と匹敵するほどよく知られていました。お玉の獲得者は福を授かると言われているので、お玉は神棚に祭って大切に保管されます。北浜の米相場師や株を扱うものがお玉を買いに来たことも伝えられています。この祭りは第二次世界大戦ごろまで高浜神社で行われていました。

むかし昔、吹田村神境の春日のお宮さんに、お玉まつりちゅう奇祭《きさい》があった。お宮さんの本殿から見て、恵方《えほう》※5にある椋の木の、恵方に向けて伸びてる技を切って、それでお玉をこしらえるのやそうな。片手では握れん位の太さの約十三センチメートルくらいの長さの棒やそうな。岡山の西大寺や、天王寺のどやどや※6みたいに、ふんどし一丁の裸でお玉奪い合いするそうなが、それがまた一月六日ちゅう、一番寒い時分やそうな。

ほんでも、そのお玉を手に入れたら、その年は験《げん》がええ、福が来るちゅうて近郷近在《きんごうきんざい》から若い衆がぎょうさん寄ってきよったそうな。ぽいと放り投げられたお玉を握った若い衆は、そら、えらいこっちゃ。皆が寄ってたかって お玉取ろと思て、もみくちゃにしよる。鳥居を出てもかまへん、ちゅう決まりがあるもんやさかい、さぁ町内中逃げ回りよるわ。その後、また追いかけよるわで、そらもう賑やかなもんやったそうな。

鳥居の前からずっと一丁※7ほど、祭りのために、昼店や夜店が出とる。にっけや、しょんが板※8売ったりしとるのやが、そんなん一向にお構いなしや。なんし、他所の家でもかまへん。どこの家へでも、お玉持って飛び込んだら、自分のもんになるもんやさかい。えらい勢いで家へ入ろとしよるわ。他のもんは、入れよまいとしよるわ。そらまぁ、えらいこっちゃったそうな。家へ入ってしもたら、そんでお玉の行事はしまいやが、その家かて福が入ったちゅうて、喜んどったそうな。

それに妙なことには、毎年このお玉まつりの日の夜明け前には、奈良の春日さんから銀の鹿※9がお使いに走ってくるのやそうな。吹田の渡し場のあとへ、ぜんとり橋※10がかかってたが、橋のたもとの番小屋へ明け方に行く村のもんは、一月六日には決まって橋の上の雪や霜に鹿の足あとを見よったそうな。それは、その年の鍵をくわえて※11春日さんへ届けにくるのや、ちゅうこっちゃ。

《きり絵・高田寿子さん》

※1　旧春日神社　現・高浜神社御旅所。
※2　水垢離　冷水で心身を清め神仏に祈願すること。
※3　四天王寺　大阪市天王寺区四天王寺一―一―一八。
※4　西大寺　岡山市東区西大寺中三―八―八。
※5　恵方　その年の吉を表す方角。
※6　天王寺のどやどや　四天王寺で行われる裸祭り。
※7　一丁　約百メートル。
※8　にっけやしょんが板　祭りで売られる駄菓子。
※9　銀の鹿　伝承によっては白鹿とも。
※10　ぜんとり橋　有料の橋。この場合は上高橋を指す。
※11　その年の鍵をくわえて　鹿がお社の扉を開ける鍵をくわえて。

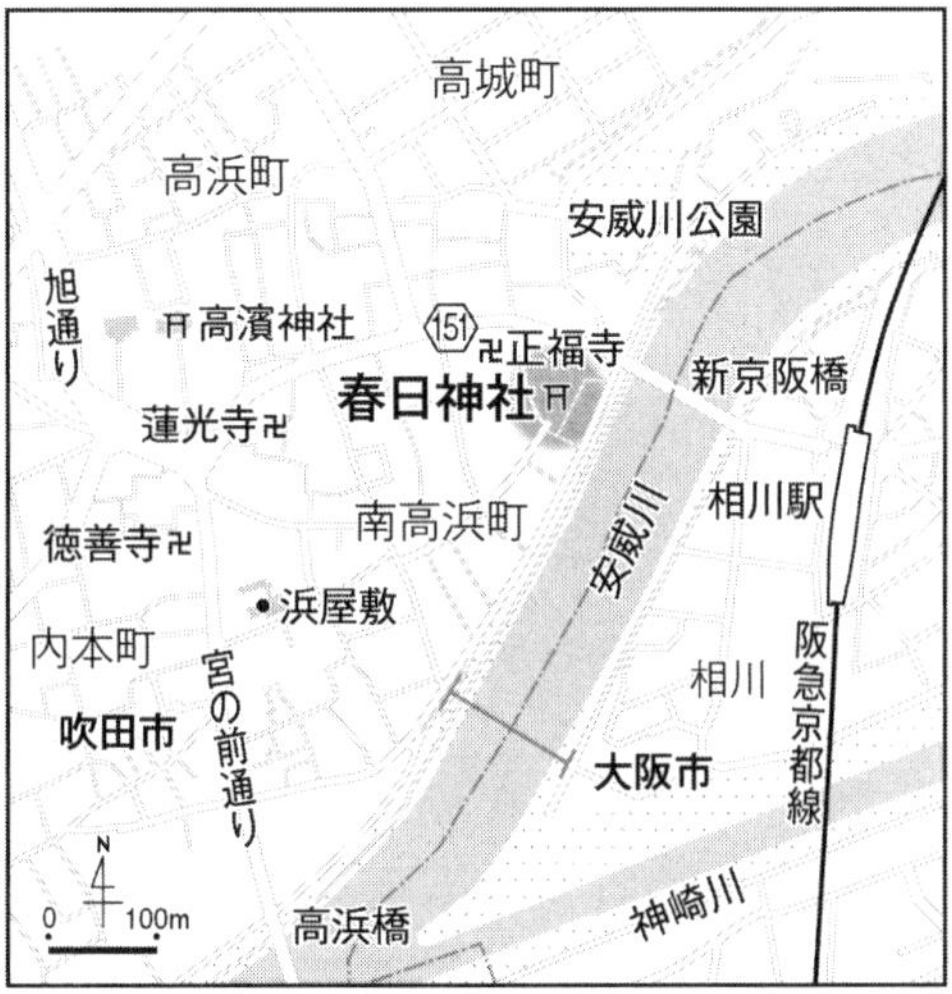

37

雲居《うんご》さん

江戸時代
～吹田市長野東地区～

吹田市長野東にある似禅寺《じぜんじ》※1に伝わるお話です。

雲居希膺《うんごけよう》（一五八二～一六五九年）は土佐の人で、九歳で出家し禅の修行に励み、各地で善行を行いました。京都妙心寺《きょうとみょうしんじ》※2で塙団右衛門《はなわだんえもん》と交流を持ち、「大坂の陣」で豊臣方に加わったとして徳川方に捕らえられましたが、徳川家康はその義に感じ許したそうです。

盗賊にあったのは伊達政宗《だてまさむね》に請われて仙台の瑞巌寺《ずいがんじ》※3に赴く途中、美濃でのことだと言われています。また、似禅寺は、山田下の大庄屋田中常禺《たなかじょうぐ》によって建立されたと伝えられ、雲居国師像《うんごこくしぞう》が建てられています。

むかし昔、世の中がぎらぎらしてる戦国時代のことやったそうな。ある夜なか、大阪城の大手門に向けて、

「わしゃ、雲居じゃ。塙団右衛門《ばんだんえもん》に会いにきた！」

ちゅうて、どなった坊さんがいた。

うとうと眠っとった番兵、雷が落ちたんかと思て、飛び上がってびっくりしよった。ほんで、ばたばたっと、雲居さんをとりかこみよったが、なんと、その坊さん、六尺※4ゆたかな大男で、目がいなびかりみたいに光っとった。ほんで雲居さん、そのまますたすた城の中へ入ってしもた。

塙団右衛門ちゅうたら、大阪方でもどえらい豪傑《ごうけつ》で、この人もまた六尺にある大男やったそうな。

雲居と団右衛門は、若い時分に禅で知り合うた仲やった。

その時分のこと、団右衛門が雲

居を訪ねていく道で五人の盗賊におうた。

「身ぐるみ脱いで置いていけ！」

　ちゅうて刀を抜きよった。

「何をぬかす！」

　ちゅうて、団右衛門ちょいちょいと盗賊の首はねてしまいよった。

　今度は、雲居が団右衛門を訪ねた時やった。また盗賊が七人、

「身ぐるみ脱いで置いていけ！」

　ちゅうて、どやどやっと出てきよった。

「よっしゃ」

　ちゅうて、雲居さん持ってたお金全部出したら、盗賊その金とろと思て、雲居さんの目見て　ひっくり返るぐらいびっくりしよった。なんと、その光りが矢みたいに頭に突き刺さりよった。ほんで、がたがた震えもってとうとう七人共その場で心入れ替えて坊さんにしてもらいよったそうな。

　そんな眼力《がんりき》の噂が広まって、あとあと奥州《おうしゅう》の方までお寺を建てにいたりしたそうな。

　山田村の田中ちゅう庄屋も、しもんじょに似禅寺《じせんじ》ちゅうお寺をたてて雲居さん

を迎えたそうな。ほんで、今でもその似禅寺に雲居国師《うんごこくし》の像がまつったある、ちゅうこっちゃ。

《きり絵・田保ゆきさん》

※1　似禅寺　吹田市長野東二一―二〇。
※2　京都妙心寺　京都市右京区花園妙心寺町一。
※3　瑞巌寺　宮城郡松島町松島町内九一。
※4　六尺　約一・八メートル。

38

狐坂

時代不詳
～吹田市岸部地区～

吹田市岸部一丁目あたりのお話です。

狐坂は、今の吹田二中東側の坂道あたり。岸部小路から佐井寺の観音さんに通じる信仰道の一つで、付近は岸部小路の墓地もありさびしいところでした。

野施行《のせんぎょう》は、寒中の行事。旧吹田では、戦前、二月の初午《はつうま》の行事とまじり、お稲荷さんのお告げを受ける人が町のあちこちに握り飯や油揚げを置いてまわり、その後を子どもたちが「せんぎょう、せんぎょう、正一位稲荷大明神、お稲荷さんのことならどこまでも、ひーや、ふーや、いやさっさ」などと歌いはやしたてながら歩きました。「施行、施行、野施行」は、寒中に餌を探すことのできない野生の狐や狸などに、餌（油揚げや油揚げの入ったかやく飯）を施す行事として実施され、子どもたちが中心となって開催されていたようです。

この話から、現在では野生の狐や狸は害獣として人間からは嫌われていますが、昔は人と野生動物が共存して、豊かな生活が送られていたことが想像できます。

むかし昔、岸部でも佐井寺でも冬の最中のさぶいさぶい晩になると、村はずれで狐がよう鳴きよったそうな。喰いもんがないねんやろ。哀れな声で「けぇん」と鳴いとったそうな。

ほんで百姓衆は、寒《かん》に入る※1と、油揚げのかやく飯焚いて、ちっちゃなおにぎりこさえて竹の皮に包んで、子どもらに野施行やらしとった。子どもらはまた、それが楽しいて、手に手に提灯持って、真っ暗けの野道をおっきな声で、

「せんぎょ、せんぎょ、のうせんぎょ」

と歌いもって、田んぼのあぜや草むらのねきに竹の皮の包みを置いてまわりよった。ほんでも狐め、喰いもんが足らんねんやろ、ちょいちょい百姓衆をだまして喰いもん取りよったそうな。

ある晩、岸部のもんが佐井寺へさして、婚礼に呼ばれてごっつぉになり、どえらい※2遅うなってしもた。

「泊まっていきなぁれ」

ちゅうのんを聞かんと、提灯ぶらさげて一本道をふらりふらり歩いとった。

「せや、今夜、佐井寺で泊めてもろたちゅうて、あの女子《おなご》のとこへ行こ。へへっ、ごっつぉはあるし、喜びよるでぇ」

と思た時やった。一本道の坂の向こうから、ぽつんと提灯が現れよった。

「あっ、ど狐」

途端に、なんじゃ足がつってしもて、どないも歩けんようになってしもた。提灯が、だんだん近寄ってくると、

「あんさん※3、迎えに来ましてんがな」

ちゅうて、目の前に立ちよったんは、これから会いに行こと思てた女子やった。

「なんやいな、おまはんとこへ行こと思てたんやがな」

ちゅうて村のもんは、もろてきたごっつお、そっくりそのまま女子にやってしもて、ほんで機嫌良う藁の上で丸太抱いて寝とったそうな。

この坂のあたりは竹やぶが深うて、気色の悪いとこやったそうな。ほんで皆が、狐坂や言うとった、ちゅうこっちゃ。

《きり絵・地本節子さん》

※1　寒に入る　二十四節気の一つ小寒のこと。毎年一月五～六日を指す。

※2　どえらい　すごく。

※3　あんさん　あなた。

39

茶漬の接待

江戸時代
〜吹田市佐井寺地区〜

茶漬の接待は「寺下の八右ェ門《やえもん》」として、佐井寺に古くから伝わるお話です。八右ェ門は、現在佐井寺の東側に家がある寺本さんのご先祖だということです。「大坂冬の陣」には徳川方は吹田に進出しており、乱の直前の慶長十九（一六一四）年十月に佐井寺村宛てに徳川家康が出した禁制※1が伝わっています。こうした背景が、家康の伝説を生んだのかもしれません。佐井寺村には、家康が「大坂冬の陣」の時、鷹狩と称して時々来ていたという伝承が残っています。

むかし昔、佐井寺の村に八右ェ門さんちゅう百姓がいた。気前が良うて、自分の喰うもんがのうなっても、人の難儀を見たらほっとけん性質やったそうな。

世の中が戦さで荒れてる時やったそうな、その時分は、どこの国の百姓衆でも年貢におわれたりして、喰えんようになったもんは、雑兵《ぞうひょう》※2になったり、悪党に組したりしてゆすりをはたらいては腹膨らましとった。

八右ェ門さんは、

「はよ戦さ、やまんかいな」

と思いもってでも、そんなゆすりたかりにも喰いもんやっとった。

ある日の朝方やった。

「道に迷うてしもた、休ましてくれ」

ちゅうて、身なりの武将らしい落人《おちうど》※3が戸口に立ちよった。八右ェ門さんはじきに納屋《なや》へ連れて行き、かくもうてやった。ほんで、

「腹減ってまっしゃろけど、やっ

てしもて、飯こんだけしかおまへんねん」

ちゅうて、麦飯の茶漬け持っていったりよった。武将はそれ喰て、

「あぁ、うまかった」

ちゅうて、納屋で日の暮れまで隠れとった。ほんで日も暮れかけてだぁれも探しに来よらんと思たんか、武将は矢立て※4から筆出して、なにやら紙にさらさらっと書きよった。

「これ、戸口に貼っといたら、ええ」

ちゅうて、すたすた出ていきよった。

八右ェ門さんは何やろと思いもって、その紙、戸口に貼りよった。

それからは八右ェ門さんの家へさして、ゆすりたかりが来よっても、戸口の貼り紙見ては、なんじゃこそこそ逃げて行きよった。

八右ェ門さんは、

「こら、ええ書きつけや。大事にせな」

と思て、お寺へさして預けに行きよった。それからは、佐井寺の村へは、ゆすりたかりは来んようになったし、村の衆は喜んでだんだん話が広まって、

「あの落人は、きっと徳川家康やでぇ」

ちゅう噂をしとった、ちゅうこっちゃ。

《きり絵・大野行子さん》

※1　禁制　軍勢が占領地で乱暴をしないように禁じた文書。
※2　雑兵　身分の低い兵隊。
※3　落人　戦さに敗れ隠れて逃げる人。
※4　矢立て　筆と墨液を一緒に携帯するために使われた文具用品。

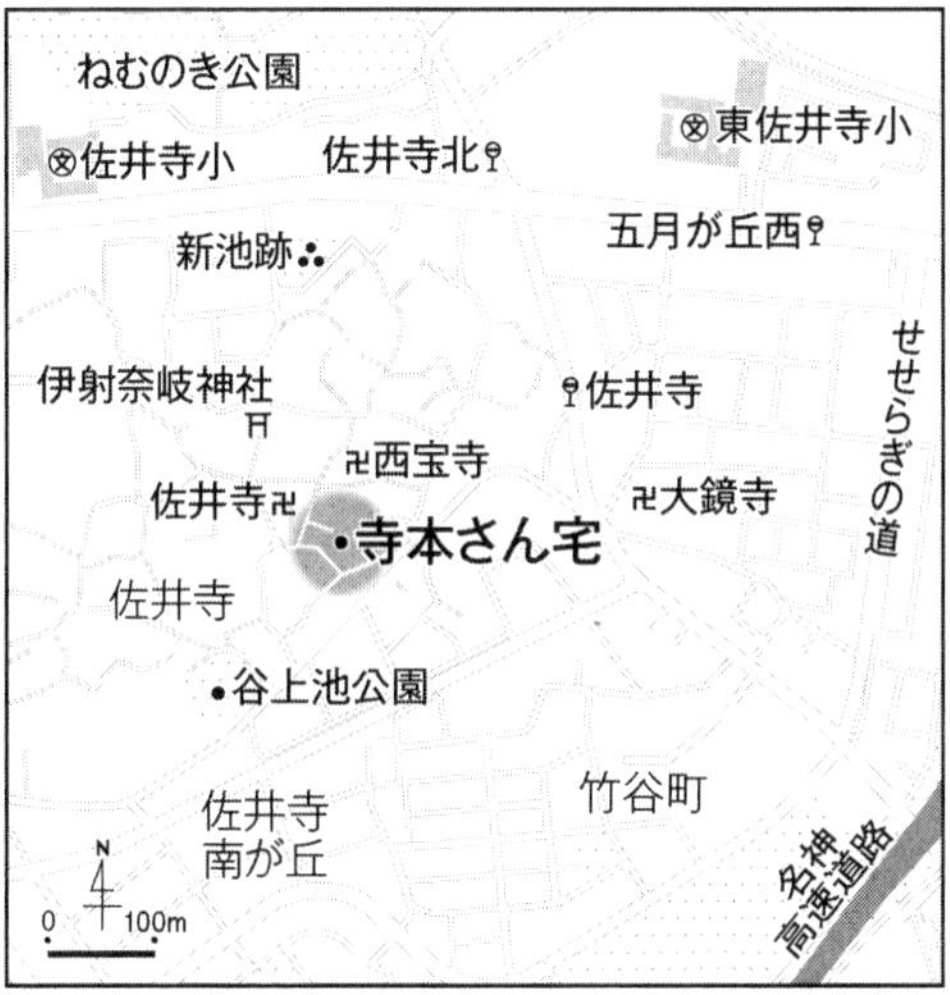

㊵ 金の小さな地蔵さん

江戸時代
～吹田市片山地区～

吹田市片山の玉林寺《ぎょくりんじ》※1に伝わるお話です。

木村長門守重成《きむらながとのかみしげなり》は、安土桃山時代の武将。母の右京太夫局《うきょうだいぶのつぼね》が豊臣秀頼《とよとみひでより》の乳母だったことから幼少のころから秀頼に仕えました。

「大坂冬の陣」では佐竹義宣《さたけよしのぶ》・上杉景勝《うえすぎかげかつ》の軍と今福※2で戦い功を上げましたが、夏の陣で井伊直孝《いいなおたか》と戦い、河内若江※3の地で壮絶な討ち死にを遂げました。二十一歳とも二十四歳だったとも言われています。

この木村長門守重成にまつわる伝説が出口町と西の庄町に伝わっています。玉林寺の北側あたりを「城山」といい、重成が戦さに備えて城を築こうとしたところです。また、西の庄町の「大工垣内《かいち》」と呼ばれる地名は、城を建てるために集められた大工さんの町に由来すると伝えられています。

むかし昔　片山村の玉林院に一寸八分※4の金の地蔵さんがいたはったそうな。それは　戦国時代のことやったそうな。

河内での戦さに行く道で木村重成が吹田村のある油屋へ宿をとった時のことやった。若武者《わかむしゃ》の重成は六尺※5にあまる大男やったが、兜をとるとぷうんと香《こう》の匂いをたてるほどの優しい心の持ち主やったそうな。

「これはわしの守り本尊。これ、預かっといてほしい」

ちゅうて布で包んだ小さな金の地蔵さんを出して主人に渡した。主人は、こらえらい宝物を　預かってしもたと思て、そっと座敷の奥へしまいこみよった。

あくる朝、
「もう戻ってこれんかもしれん」
ちゅうて重成は河内へさして立った。主人は大事な宝物を確かめに奥へいたら、なんとそれがのうなっとった。びっくりした主人、慌ててあっちこっち家の中を探したけど、見つからなんだ。

「えらいことになってしもた」

ちゅうて、ほとほと困り果てよった。

その時、なんじゃたなもと※6で番頭とおなごしが、ひそひそ話しこんどったけど店のもんは前々から仲がええ二人やさかいと思て、見て見んふりしとった。

思いあぐねた主人は、だんな寺※7の玉林院へさして相談に行きよった。

「ふうん、なるほど、そうか。ほな一遍、へっつい※8さんのあたり探してみなはれ」

と言われて、主人すごすご戻って、そのあたり探したら、なんとへっついさんの下の灰の中から出てきたんやそうな。

「ありゃぁ、こんなところから出てったがなぁ。こら家へしもといたら※9、あかん」

ちゅうて、慌てて玉林院へさして預けに行きよった。けど　木村重成が討ち死にしたという噂がだんだん薄れてのうなってしもた時分、玉林院の金の地蔵さん、いつや知らん間に今いたはる木の地蔵さんに代わってしまはった、ちゅうこっちゃ。

《きり絵・亀田初子さん》

※1　玉林寺　吹田市出口町一〇―二。
※2　今福　現在の大阪市城東区今福地区。
※3　若江　現在の東大阪市若江地区。
※4　一寸八分　約五・五センチメートル。
※5　六尺　約一・八メートル。
※6　たなもと　台所。
※7　だんな寺　所属する寺。
※8　へっつい　かまど。
※9　しもといたら　仕舞っておいたら。

伝えることから新しい文化の創造が

小川のせせらぎを耳にしたり、広がる田畑、懐かしい建物のそばに立つと、幼いころのことがしのばれます。コンピューター化が進む現代社会にあっても、民話に接すると、何か心の安らぎと望郷の念にかられます。

明治の初めごろ、「吹田市域」の個数はわずか二千五百戸ほどでしたが、いまや十二万戸。まちの様子も急激に変貌しました。人の流れは激しく、一年で人口の一割が入れ替わります。吹田生まれで吹田育ちは、わずか一割にも満たないでしょう。それでいて、吹田に住み続けたいと望む人は六割を超え〝ふるさと意識〟の高まりを感じます。

遠い昔から語りつがれてきたことや、古いまちの様子などをさぐり、次代に伝え残すことから、吹田への愛着が深まれば――と市報すいたで企画したのが「わたしたちの町」であり、「ききがき吹田の民話」でした。

このたび、これらをまとめた小冊子を発行することになりました。一人でも多くの方々にご愛読いただき、親から子へ、子から孫へと語りつがれ、新しい文化の創造に役立てていただければ幸いです。

お話を聞かせていただいた二百人の方々、「民話」の筆者・阪本一房氏、吹田きりえグループのみなさん、「町」の絵地図のまやこうすけ氏、スケッチを描いていただいた方など、多くの方々にご協力をいただき、ありがとうございました。

昭和五十九年三月　吹田市広報課

原作者・阪本一房氏のことば

市報すいたに連載してもろうていました「ききがき吹田の民話」を今度一冊にまとめて刊行してくださるとのことで、ほんとにこの上なく嬉しく思っています。

そこで、振り返ってみますと、民話本来の姿である昔話と伝説という点でちょっとややこしい我流の形になっていますが、こんな話を提供してくださった町の古老の方々や市の広報課の方々、さらにききりえグループの方々のご協力に助けられて四十もの話を創らせてもらうことに今更ながら感謝しております。

できましたら、これからもっともっと埋もれた民話を掘り起こし、訪ね歩き、吹田の民話を増やしたいなぁと思とります。今はただ、皆様方に改めて拙作をお読みいただける喜びを噛みしめております。

阪本一房

この作品は昭和五十九（一九八四）年三月、吹田市広報課より発行された「ききがき吹田の民話」を単行本化にあたり加筆修正したものです。収録されている表現は、作品の年代・状況を考慮し、発刊当時のまま掲載しています。

ききがき 大阪北摂すいたの民話

2023年6月 8日 初版第一刷発行
2023年8月20日 第二版第一刷発行

ききがき 阪本一房
編・解説 藤本衛
きり絵 吹田きりえグループ

発行者 内山正之
発行所 株式会社西日本出版社
〒564-0044 大阪府吹田市南金田1-8-25-402
[営業・受注センター]
〒564-0044 大阪府吹田市南金田1-11-11-202
TEL. 06-6338-3078 FAX. 06-6310-7057
郵便振替口座番号 00980-4-181121
http://www.jimotonohon.com/

編集 竹田亮子
装丁 LAST DESIGN
協力 吹田市
印刷・製本 株式会社光邦

ISBN978-4-908443-81-7